INSTRUÇÃO GERAL
SOBRE A
LITURGIA DAS HORAS

Coleção Comentários

A Mesa da Palavra I: elenco das leituras da missa – J. Aldazábal
A Mesa da Palavra II: leitura da Bíblia no Ano Litúrgico – Pedro Farnés
Celebrar a Eucaristia com crianças – J. Aldazábal
Instrução Geral do Missal Romano (terceira edição) – J. Aldazábal
Instrução Geral sobre a Liturgia das Horas – J. Aldazábal

INSTRUÇÃO GERAL SOBRE A LITURGIA DAS HORAS

Comentários de J. Aldazábal

Dados Internacionais de Catalogação na Publicação (CIP)
(Câmara Brasileira do Livro, SP, Brasil)

Aldazábal, José
  Instrução geral sobre a liturgia das horas / comentários de J.
Aldazábal ; tradução Ricardo Souza de Carvalho. – 3. ed. – São Paulo :
Paulinas, 2014. -- (Coleção comentários)

  Título original: Principios y normas de la liturgia de las horas.
  ISBN 978-85-356-3846-2

  1. Celebrações litúrgicas 2. Igreja Católica - Liturgia - Textos
I. Título. II. Série.

14-11112   CDD-264

Índice para catálogo sistemático:
1. Liturgia das horas : Igreja Católica : Cristianismo   264

Título original da obra: *Principios y normas de la Liturgia de las Horas*
© Centre de Pastoral Litúrgica, Barcelona, 1989.

3ª edição – 2014
2ª reimpressão – 2022

Direção-geral:	Flávia Reginatto
Editores responsáveis:	Vera Ivanise Bombonatto
	Antonio Francisco Lelo
Tradução:	Ricardo Souza de Carvalho
Copidesque:	Anoar Jarbas Provenzi
Coordenação de revisão:	Marina Mendonça
Revisão:	Ruth Mitzuie Kluska
Direção de arte:	Irma Cipriani
Assistente de arte:	Sandra Braga
Gerente de produção:	Felício Calegaro Neto
Projeto gráfico:	Manuel Rebelato Miramontes
Capa e diagramação:	Telma Custódio

*Nenhuma parte desta obra poderá ser reproduzida ou transmitida
por qualquer forma e/ou quaisquer meios (eletrônico ou mecânico,
incluindo fotocópia e gravação) ou arquivada em qualquer sistema ou
banco de dados sem permissão escrita da Editora. Direitos reservados.*

Paulinas

Rua Dona Inácia Uchoa, 62
04110-020 – São Paulo – SP (Brasil)
Tel.: (11) 2125-3500
http://www.paulinas.com.br – editora@paulinas.com.br
Telemarketing: 0800-7010081
© Pia Sociedade Filhas de São Paulo – São Paulo, 2010

INTRODUÇÃO

Oferecemos aqui um Dossiê fundamentalmente documental, para ajudar em uma melhor compreensão e celebração da Liturgia das Horas:

- o capítulo da *Sacrosanctum Concilium* que se refere ao Ofício Divino;

- a *Laudis Canticum* de Paulo VI, com a qual apresentou a nova Liturgia das Horas;

- e a Instrução Geral sobre a Liturgia das Horas, o texto central que motiva e regula a oração da Liturgia das Horas.

O que este Dossiê contém não é um comentário litúrgico ou espiritual no sentido de um desenvolvimento dos diversos temas. Aqui o comentário no pé da página quer ser uma ajuda mínima para a leitura do documento, com as referências internas ou "lugares paralelos". Para tanto, elaboramos um *índice analítico* que pode ajudar ainda mais a relacionar os vários subtítulos que aparecem na IGLH.

O Concílio, em 1963, se deu ao trabalho de revisar a oração do Ofício Divino e ofereceu à Igreja as melhores intuições e instruções para esta renovação. Por isso, reproduzimos aqui o capítulo IV, para que se possa notar de quais raízes se alimentou todo o processo evolutivo que depois deu como resultado a nova Liturgia das Horas.

Foram *seis anos de trabalho*, desde 1964, com mais de cem especialistas de todo o mundo, trabalhando em grupos e subgrupos,

6 *Instrução Geral sobre a Liturgia das Horas*

para estudar e decidir as reformas. Os Sínodos de 1967 e 1969 tiveram também a oportunidade de analisar os resultados e as experiências que foram sendo feitas.

Assim, chegou em 1971 a edição oficial da Liturgia das Horas organizada segundo os desejos do Concílio.

Mas antes se editou à parte a IGLH, a *Instrução Geral sobre a Liturgia das Horas*, que, pode-se afirmar, é uma das melhores introduções dos novos livros litúrgicos: uma apresentação motivada e substanciosa dos diversos elementos de nossa oração eclesial, um verdadeiro tratado da oração comunitária.

O motivo para esta edição prévia do documento introdutório foi explicado pelo Secretário do "Consilium", Mons. Bugnini, e pode-se dizer que é também o mesmo pelo qual nós decidimos reeditá-lo: "deste modo — dizia então Bugnini — os sacerdotes, religiosos e fiéis, tanto individualmente quanto reunidos em assembleias de estudo ou oração, poderão captar oportunamente a força íntima deste livro da Igreja orante, a estrutura própria da Liturgia das Horas, as normas que regerão sua celebração e as espirituais riquezas que brotarão daqui para o povo de Deus". Estas palavras introduziam em fevereiro de 1971 a edição da IGLH, anunciando para um pouco mais tarde a aparição dos quatro volumes da Liturgia das Horas.

A *Instrução Geral* queria ser algo mais que uma "Ordenação" ou lista de normas ou rubricas. Em latim a palavra *Institutio* indica antes "formação", "educação". Isso é precisamente o que este texto consegue, se for bem lido: que os que rezam o novo Ofício Divino, tanto pessoal quanto comunitariamente, conheçam as motivações do que fazem, que não apenas saibam em cada momento *como* rezar, mas também, e sobretudo, *o que* rezam e *por que* ou *para que rezam* com estes determinados elementos, e qual seu *sentido espiritual*.

Meses mais tarde, no mesmo ano de 1971, foram aparecendo oficialmente os quatro volumes da Liturgia das Horas, aos quais Paulo VI antepôs a Constituição Apostólica *Laudis Canticum*, que também reproduzimos aqui, porque já contém os princípios mais substanciosos do que depois será desenvolvido na IGLH.

Introdução

7

Por ocasião dessa edição oficial, aproveitou-se para fazer algumas *alterações* em relação à edição prévia e independente da IGLH. Essas alterações, bastante numerosas, em sua maioria foram de ordem estilística latina, embora também houvesse matizes diferentes em seu conteúdo. Por exemplo, no n. 173, antes se dizia que "quase sempre" (*fere semper*) os hinos manifestam o caráter da hora ou da festa; agora se diz "com frequência" (*plerumque*). Outras vezes a variante consistiu em complementos, como as últimas seis linhas do n. 31.

Outro momento no qual foram feitas alterações ao texto oficial foi em ocasião do *novo Código de Direito Canônico*, em 1983. Cf., por exemplo, as duas frases acrescentadas nos números 29 e 30 em relação aos diáconos.

Nossa esperança é de que estes documentos possam ajudar, a mais de uma pessoa, a entender melhor o que é a Liturgia das Horas, e assim a rezá-la melhor. Ou seja, a que se converta em realidade a instrução *psallite sapienter*, que não significa tanto "salmodiai sabiamente", mas "salmodiai saboreando o que dizeis".

ABREVIATURAS

AA	*Apostolicam Actuositatem*
AG	*Ad Gentes*
CD	*Christus Dominus*
DV	*Dei Verbum*
GE	*Gravissimum Educationis*
IGLH	Instrução Geral sobre a Liturgia das Horas
LC	*Laudis Canticum*, de Paulo VI
LG	*Lumen Gentium*
LH	Liturgia das Horas em geral
MS	*Musicam Sacram*, instrução 1967
OT	*Optatam Totius*
PC	*Perfectae Caritatis*
PG	Patrologia Grega, ed. Migne
PL	Patrologia Latina, ed. Migne
PO	*Presbyterorum Ordinis*
SC	*Sacrosanctum Concilium*

O OFÍCIO DIVINO SEGUNDO A *SACROSANCTUM CONCILIUM* (CONCÍLIO VATICANO II, 1963)

Capítulo IV
O Ofício Divino, obra de Cristo e da Igreja

83. Ao assumir a natureza humana, Cristo Jesus, sumo sacerdote do Novo e Eterno Testamento, introduziu nesse exílio terrestre o hino que eternamente se canta no céu. Unindo-se a toda a estirpe humana, a associa ao seu próprio cântico de louvor.

Continua a exercer este seu papel sacerdotal através de sua Igreja, que louva o Senhor sem interrupção e ora pela salvação de todo o mundo, não apenas na celebração da Eucaristia, mas especialmente no desempenho do Ofício Divino.

84. A tradição antiga organizou o Ofício Divino de maneira a consagrar ao louvor divino todo o tempo do dia e da noite. Os sacerdotes e todos os que na Igreja são oficialmente dedicados a esta função e os próprios fiéis que adotam essa forma comprovada de oração, ao se dedicarem convenientemente a este admirável cântico de louvor, são a voz da esposa, que fala ao

10   *Instrução Geral sobre a Liturgia das Horas*

esposo, ou mesmo a oração do próprio Cristo que se dirige ao Pai, através de seu corpo.

85. Todos que prestam esse serviço cumprem uma obrigação da Igreja e participam da mais elevada honra da esposa de Cristo, pois, dedicando-se ao louvor divino, apresentam-se diante do trono de Deus em nome da Igreja mãe.

Valor pastoral do Ofício Divino

86. Os sacerdotes empenhados no ministério pastoral devem se dedicar ao louvor das horas, com tanto maior fervor quanto mais consciência tiverem da admoestação do apóstolo: *orai sem cessar* (1Ts 5,17). Somente o Senhor pode tornar eficaz e consolidar o trabalho que fazem, como ele mesmo o disse: *sem mim, nada podeis fazer* (Jo 15,5), e os apóstolos disseram, ao instituírem os diáconos: *nós nos dedicaremos inteiramente à oração e ao serviço da palavra* (At 6,4).

87. Para que o Ofício Divino seja mais bem desempenhado e de modo mais perfeito por todos os sacerdotes ou outros membros da Igreja, o concílio, dando prosseguimento às iniciativas já felizmente tomadas pela sé apostólica, resolveu estabelecer o seguinte:

A reforma das horas

88. O ofício tem por objetivo a santificação do dia. As horas devem, pois, corresponder ao tempo que indicam. Levem-se também em conta as condições da vida moderna, especialmente para aqueles que se dedicam ao apostolado.

Normas para a reforma do Ofício Divino

89. Na sua reforma, observem-se as seguintes normas:

a) As Laudes, como oração da manhã, e as Vésperas, como oração da tarde, sejam consideradas as horas mais importantes e venham a constituir como que os dois eixos do ofício cotidiano, de acordo com venerável tradição de toda a Igreja.

b) As Completas sejam concebidas de forma a constituir de fato o fim do dia.

O Ofício Divino segundo a Sacrosanctum Concilium   11

c) As Matinas, embora continuem a ser consideradas, no coro, hora noturna, sejam constituídas de maneira a poder ser recitadas a qualquer hora do dia, com redução da salmodia, em favor de leituras mais longas.

d) A Prima seja supressa.

e) A Terça (das Nove), a Sexta (das Doze) e a Noa (das Quinze) sejam conservadas no coro, mas, fora dele, deve-se poder escolher uma delas, de acordo com o período do dia em que se recita.

O Ofício Divino e a vida de oração

90. O Ofício Divino, oração pública da Igreja, é fonte de piedade e alimento da oração pessoal. Exortamos os sacerdotes e todos que participam do Ofício Divino a desempenhá-lo de maneira que sua mente concorde com sua voz. Para alcançar tais objetivos, cultivem melhor sua formação litúrgica e bíblica, especialmente no que se refere aos salmos.

Na reforma a ser feita, procure-se tornar mais acessível e aberto a todos o tesouro venerável e secular do ofício romano.

Os salmos

91. Para que se possam melhor observar as horas, tal como foi proposto no artigo 89, os salmos, em lugar de serem distribuídos no decurso de uma semana, sejam dispostos num espaço maior.

A revisão do saltério, já iniciada, seja terminada, de acordo com o latim cristão, com o uso litúrgico, inclusive no canto, e com toda a tradição da Igreja latina.

As leituras

92. No que respeita às leituras, observe-se o seguinte:

a) a leitura da Sagrada Escritura deve permitir um acesso mais amplo ao tesouro da palavra divina;

b) as leituras dos padres, dos doutores e escritores eclesiásticos sejam mais bem escolhidas;

12 *Instrução Geral sobre a Liturgia das Horas*

c) os atos dos mártires e vidas de santos correspondam à verdade histórica.

Os hinos
93. Procure-se, quando conveniente, restaurar a forma antiga dos hinos, eliminando o que se inspira na mitologia ou tem pouca relação com a piedade cristã. Adotem-se, eventualmente, outros hinos, pertencentes ao tesouro da tradição.

A recitação das horas
94. Na recitação das horas canônicas, procure-se respeitar o tempo a que cada uma delas corresponde, o que não só contribui para a santificação do dia como também facilita a obtenção dos frutos espirituais da própria recitação.

A obrigação do Ofício Divino
95. As comunidades obrigadas ao coro, além da missa conventual, estão igualmente obrigadas à recitação coral diária do Ofício Divino no coro.

a) As ordens de cônegos, os monges e monjas e todos os religiosos que pelo direito ou pelas constituições estão obrigados ao coro estão também obrigados a todo o ofício.

b) Os capítulos das catedrais ou colegiados estão obrigados às partes do ofício impostas pelo direito comum ou particular.

c) Todos os membros dessas comunidades, que têm as ordens maiores ou são professos solenes, exceto os irmãos conversos, devem recitar privadamente as horas de que estiveram ausentes no coro.

96. Os clérigos não obrigados ao coro, desde que acedam às ordens maiores, devem rezar o ofício em comum ou em particular, diariamente, de acordo com o artigo 89.

97. Defina-se oportunamente, nas rubricas, a substituição do ofício por determinadas celebrações litúrgicas.

Em casos particulares, por justa causa, a autoridade pode dispensar os seus súditos da recitação de todo o ofício ou de uma parte dele, ou, ainda, substituí-lo por outra prática.

O Ofício Divino segundo a Sacrosanctum Concilium   13

98. Os religiosos que recitam parte do ofício em virtude de suas constituições participam da oração pública da Igreja.

O mesmo se diga dos que recitam um pequeno ofício, por determinação das constituições, desde que seja concebido de maneira análoga ao ofício e devidamente aprovado.

A recitação do ofício em comum

99. O ofício é a voz da Igreja e de todo o corpo místico de Cristo, em louvor público a Deus. Embora não estejam obrigados, os clérigos devem estar convencidos de que convém recitar em comum ao menos uma parte do ofício, quando moram juntos ou participam de uma reunião comum.

Todos os que recitam o ofício no coro ou em comum devem exercer essa função de maneira perfeita, no que diz respeito tanto à devoção interior quanto à execução externa.

É sempre conveniente também cantar o ofício, no coro ou em comum.

A participação dos fiéis no Ofício Divino

100. Os pastores procurem celebrar em comum, na igreja, as principais horas, pelo menos as Vésperas, nos domingos e dias festivos. Recomenda-se que os leigos recitem o ofício, em comum com os sacerdotes, entre si ou mesmo individualmente.

A língua usada no ofício

101. § 1) A tradição secular do rito latino usa o latim, que deve ser adotado pelos clérigos, na recitação do ofício. A autoridade local tem, entretanto, a faculdade de adotar o vernáculo, observadas, em cada caso, as disposições do artigo 36, para aqueles clérigos que encontram no latim um verdadeiro obstáculo à recitação do ofício.

§ 2) As monjas e os religiosos ou religiosas podem ser autorizados pelo superior competente a recitar o ofício em vernáculo, mesmo no coro, desde que se use uma tradução devidamente aprovada.

14   *Instrução Geral sobre a Liturgia das Horas*

§ 3) Todo clérigo que recite o ofício junto com os fiéis ou com os religiosos a que se refere o § 2 cumpre sua obrigação, desde que o texto seja devidamente aprovado.

LAUDIS CANTICUM
CONSTITUIÇÃO APOSTÓLICA DE PAULO VI, 1971

O cântico de louvor, que ressoa eternamente nas moradas celestes, e que Jesus Cristo, Sumo Sacerdote, introduziu nesta terra de exílio, foi sempre repetido pela Igreja, durante tantos séculos, constante e fielmente, na maravilhosa variedade de suas formas.

A Liturgia das Horas desenvolveu-se pouco a pouco, até se tornar oração da Igreja local, onde veio a ser, em tempos e lugares estabelecidos, sob a presidência do sacerdote, como que complemento necessário a todo o culto divino, que se encerra no Sacrifício eucarístico e que devia ter repercussão e estender-se a todas as horas da vida humana.

Tendo sido aumentado gradualmente, no correr dos tempos o livro do Ofício Divino tornou-se instrumento adequado para ação sagrada a que se destina. Todavia, nas várias épocas foram introduzidas modificações notáveis no modo de celebrar as Horas, contando-se entre essas modificações a celebração individual. Por isso, não é de admirar que o próprio livro, denominado Breviário, se tenha adaptado às várias formas, que exigiam muitas vezes composição diversa.

O Concílio de Trento, por falta de tempo, não conseguiu concluir a reforma do Breviário, e confiou este encargo à Sé

Apostólica. Promulgado pelo nosso predecessor São Pio V em 1568, o Breviário Romano, segundo o ardente desejo comum, apresentou, sobretudo na Igreja latina, a uniformidade da oração canônica, que naquele tempo estava em decadência. Nos séculos posteriores, várias inovações foram feitas pelos Sumos Pontífices Sisto V, Clemente VIII, Urbano VIII, Clemente XI e outros.

Em 1911, São Pio X mandou publicar o novo Breviário preparado por sua decisão. Restabelecido o antigo uso de recitar os 150 Salmos no curso de cada semana, renovou-se inteiramente a disposição do Saltério, foram canceladas todas as repetições e houve possibilidade de fazer com que o Saltério e o ciclo das leituras bíblicas concordassem com os Ofícios dos Santos. Além disso, o ofício de domingo cresceu em importância e foi mais valorizado, para que se pudesse antepor, na maioria das vezes, às festas dos Santos.

Todo o trabalho da reforma litúrgica foi recomeçado por Pio XII, que aprovou, para recitação tanto particular como pública, o uso de uma nova versão do Saltério, preparada pelo Pontifício Instituto Bíblico. Tendo-se constituído em 1947 uma Comissão Especial, Pio XII encarregou-a de estudar a questão do Breviário. Sobre o mesmo assunto, a partir de 1955, foram consultados os Bispos de todo o mundo. Começou-se a gozar dos frutos desse trabalho solícito, com o Decreto sobre a simplificação das rubricas, de 23 de março de 1955, e com as Normas sobre o Breviário, que João XXIII publicou no Código das Rubricas em 1960.

Contudo, embora tendo realizado só em parte a reforma litúrgica, o mesmo Sumo Pontífice João XXIII compreendia que os grandes princípios, apresentados como fundamento da Liturgia, precisavam de estudo mais aprofundado. E confiou esse trabalho ao Concílio Ecumênico Vaticano II, que nessa ocasião ele já havia convocado.

O concílio tratou da Liturgia em geral e da Oração das Horas em particular, de maneira ampla e precisa, válida sobre o ponto de vista espiritual; e o fez de tal maneira que nada igual se encontra em toda a história da Igreja. Durante o mesmo Concílio

Laudis Canticum – Constituição Apostólica de Paulo VI, 1971   17

Vaticano, tivemos a preocupação de pôr em prática os decretos da Constituição sobre a Sagrada Liturgia, imediatamente após sua promulgação.

Por este motivo, no "Conselho para a Execução da Constituição sobre a Sagrada Liturgia", por nós instituído, formou-se um grupo especial, que trabalhou durante sete anos, com grande diligência e empenho na preparação do novo livro para a Liturgia das Horas. O Conselho serviu-se para isso da contribuição de estudiosos e peritos em matéria litúrgica, teológica, espiritual e pastoral.

Depois de consultados o Episcopado universal e numerosos pastores de almas, religiosos e leigos, o referido Concílio, como também o Sínodo dos Bispos reunido em 1967, aprovaram os princípios e a estrutura da obra toda, e de cada uma de suas partes.

Portanto, convém expor em pormenores o que se refere à nova orientação da Liturgia das Horas em suas motivações.

1. Como pediu a Constituição *Sacrosanctum Concilium*, foram levadas em considerações as condições em que se encontram atualmente os sacerdotes dedicados ao apostolado.

Sendo oração de todo o Povo de Deus, o ofício foi disposto e preparado de tal maneira que nele possam tomar parte não apenas os clérigos, mas também os religiosos e até os leigos. Introduzindo várias formas de celebração, o que quis foi dar resposta às exigências específicas das pessoas de ordem e grau diferentes. A oração pode adaptar-se às diversas comunidades que celebram a Liturgia das Horas, segundo a sua condição e vocação.

2. A Liturgia das Horas é uma santificação do dia. Por isso renovou-se a ordem da oração, de tal modo que as Horas canônicas possam mais facilmente adaptar-se às várias horas do dia, considerando as condições em que transcorre a vida humana em nosso tempo.

Foi por esse motivo suprimida a Hora Prima.

Deu-se maior importância às Laudes e às Vésperas, partes principais de todo o ofício. Tais Horas apresentam-se de fato como verdadeiras orações da manhã e da tarde.

18 Instrução Geral sobre a Liturgia das Horas

O Ofício das Leituras, embora conservando sua característica de oração noturna para quem celebra as vigílias, pode adaptar-se a quem reza de dia. Quanto às demais Horas — Oração das Nove, Oração das Doze e Oração das Quinze Horas, englobadas as três sob o título geral de Hora Média —, aqueles que escolhem uma só delas possam adaptá-la ao momento do dia em que celebram, e não deixem nenhuma parte do saltério, que é todo distribuído pelas diversas semanas.

3. Para que na celebração do ofício a mente concorde mais facilmente com a voz, e a Liturgia das Horas "seja verdadeira fonte de piedade e alimento para a oração pessoal",[1] no novo livro das horas reduziu-se levemente a parte da oração estabelecida para cada dia, ao passo que aumentou consideravelmente a variedade dos textos, e vários subsídios são propostos para a meditação sobre os salmos. São títulos, antífonas, orações sálmicas, momentos de silêncio: tudo isso deve introduzir-se segundo a oportunidade.

4. De acordo com as normas dadas pelo Concílio,[2] uma vez abolido o ciclo semanal, o Saltério se distribui em quatro semanas, segundo a nova versão latina preparada pela Comissão para a Neovulgata da Bíblia, por nós instituída. Nesta renovada distribuição do Saltério, poucos salmos se omitiram e alguns versículos de significado mais difícil, tendo presente dificuldades que se possam encontrar, sobretudo na celebração da língua vernácula. Para aumentar-lhe a riqueza espiritual, acrescentaram-se às Laudes outros cânticos, tirados de livros do Antigo Testamento, enquanto alguns cânticos do Novo Testamento, como pérolas preciosas, se introduziram nas Vésperas.

5. Nas novas perícopes das leituras tiradas da Sagrada Escritura, torna-se mais copioso o tesouro da Palavra de Deus. Foram dispostas de tal maneira que correspondam à ordem das

---

[1] CONC. VAT. II, Const. de sacra Liturgia, *Sacrosanctum Concilium*, n. 90: AAS 56 (1964), p. 122.

[2] Ibid., n. 91, pp. 122-123.

Laudis Canticum – Constituição Apostólica de Paulo VI, 1971 **19**

leituras na missa. No seu conjunto, os textos apresentam certa unidade temática e foram escolhidos de modo a reproduzirem, no decurso do ano, os momentos culminantes da História da Salvação.

6. Disposta segundo os decretos do Concílio Ecumênico, a leitura cotidiana das obras dos Santos Padres e escritores eclesiásticos apresenta os melhores escritos de autores cristãos, em particular dos Padres da Igreja. Todavia, para oferecer em medida mais copiosa as riquezas espirituais desses escritores, como outro Lecionário facultativo será preparado, para que dele se possam colher frutos mais generosos.

7. Retirou-se dos textos do livro da Liturgia das Horas tudo o que não corresponde à verdade histórica. Também as leituras, especialmente as leituras hagiográficas, foram revisadas, de maneira a exporem e colocarem na devida luz a fisionomia espiritual e o papel desempenhado pelo Santo na vida da Igreja.

8. Nas Laudes foram acrescentadas as Preces, com as quais se quer consagrar o dia, e se fazem invocações para o início do trabalho cotidiano. Nas Vésperas se faz uma breve oração de súplica, estruturada como oração universal.

No final dessas Preces, introduziu-se a Oração do Senhor. Assim, considerando que é recitada também na missa, se restabelece em nosso tempo o uso da Igreja antiga de rezar essa oração três vezes ao dia.

Renovada, portanto, e restaurada completamente a oração da santa Igreja, conforme sua antiquíssima tradição, e considerando as necessidades de nosso tempo, é muito desejável que ela penetre profundamente a oração cristã toda, se torne expressão desta e alimente com eficácia a vida espiritual do Povo de Deus.

Por isso, muito confiamos em que se desperte a consciência de essa oração ser feita "sem interrupção"[3] e por nosso Senhor

---

[3] Cf. Lc 18,1; 21,36; 1Ts 5,17; Ef 6,18.

20 *Instrução Geral sobre a Liturgia das Horas*

Jesus Cristo, recomendada à sua Igreja. É de fato para apoiá-la continuamente e ajudá-la, que se destina o livro da Liturgia das Horas, repartido pelos devidos tempos. A celebração mesma, particularmente quando por esse mesmo motivo a comunidade se reúne, manifesta a verdadeira natureza da Igreja orante, da qual se revela como sinal maravilhoso.

Antes de tudo, a oração cristã é a oração da família humana inteira, que Cristo associa a si.[4] Celebrando essa oração, cada um é participante, mas ela é própria do Corpo todo. Por isso, funde-se a voz da esposa dileta de Cristo com os desejos e votos de todo o povo cristão, com as súplicas e petições em prol das necessidades de toda a humanidade.

Essa oração recebe sua unidade do Coração de Cristo. O nosso Redentor quis, de fato, "que a vida iniciada no seu Corpo mortal com suas orações e seu sacrifício continuasse durante os séculos no seu Corpo Místico, que é a Igreja".[5] Por esse motivo, a oração da Igreja é "oração que Cristo, unido ao seu corpo, eleva ao Pai".[6] É necessário, pois, que, ao celebrarmos o Ofício Divino, reconheçamos o eco de nossas vozes na voz de Cristo, e a sua em nós.[7]

Além disso, para que brilhe mais claramente essa característica do nosso modo de rezar, é preciso que refloresça em todos "aquele suave e vivo amor à Sagrada Escritura",[8] que emana da Liturgia das Horas, e assim a Sagrada Escritura se torne realmente a fonte principal de toda a oração cristã. Sobretudo a oração dos salmos, que acompanha e proclama a ação de Deus na História da Salvação, deve ser conhecida pelo Povo de Deus com renovado amor. Isso acontecerá mais facilmente,

---

[4]   Cf. CONC. VAT. II, Const. de sacra Liturgia, *Sacrosanctum Concilium*, n. 83: AAS 56 (1964), p. 121.

[5]   PIO XII, Encíclica *Mediator Dei*, 20 de nov. de 1947, n. 2: AAS 39 (1947), p. 522.

[6]   CONC. VAT. II, Const. de sacra Liturgia, *Sacrosanctum Concilium*, n. 84: AAS 56 (1964), p. 121.

[7]   Cf. S. Agostinho, *Enarrationes in ps. 85*, n. 1.

[8]   CONC. VAT. II, Const. de sacra Liturgia, *Sacrosanctum Concilium*, n. 24: AAS 56 (1964), pp. 106-107.

Laudis Canticum – Constituição Apostólica de Paulo VI, 1971

se com maior cuidado se promover junto ao clero compreensão mais profunda dos salmos, conforme o sentido expresso pela Sagrada Liturgia, e fazendo com que todos os fiéis participem dessa compreensão mediante oportuna catequese. A leitura mais ampla da Sagrada Escritura, não apenas na missa, mas também na nova Liturgia das Horas, há de fazer com que a História da Salvação seja ininterruptamente comemorada, e sua continuação na vida dos homens seja eficazmente anunciada.

Dado que a vida de Cristo no seu Corpo Místico aperfeiçoa e eleva também a vida própria ou individual de cada fiel, rejeite-se qualquer oposição entre oração da Igreja e oração individual, devendo-se reforçar e incrementar as recíprocas relações entre ambas. A oração mental encontra alimento contínuo nas leituras, salmos e outras partes da Liturgia das Horas. A recitação mesma do ofício deve adaptar-se, quando possível, às necessidades de uma oração viva e pessoal, pelo fato já previsto na Instrução Geral de que devem se escolher os tempos, modos e formas de celebração que melhor correspondam às situações espirituais de quem reza. Quando a oração do ofício se torna verdadeira oração pessoal, então se manifestam melhor os laços que unem liturgia e vida cristã. Durante cada uma das horas do dia e da noite, a vida inteira dos fiéis constitui uma *leitourgia* (liturgia) mediante a qual eles se oferecem para o serviço de amor a Deus e aos homens, aderindo à nação de Cristo, que, em sua vida entre nós e a oferta de si próprio, santificou a vida de todos os seres humanos.

A Liturgia das Horas exprime com clareza e confirma com eficácia essa verdade suprema inerente à vida cristã.

Por isso, as orações das Horas são apresentadas a todos os fiéis, também aos que por lei não são obrigados a recitá-las.

Aqueles que receberam da Igreja o mandato de celebrar a Liturgia das Horas cumpram seu dever todos os dias rigorosamente, com a recitação integral, fazendo-a coincidir, na medida do possível, com o verdadeiro momento de cada uma das Horas. Além disso, deem a devida importância, acima de tudo, às Laudes e Vésperas.

22 Instrução Geral sobre a Liturgia das Horas

Aqueles que, tendo recebido a sagrada ordenação, são destinados a ser, de modo especial, o sinal de Cristo Sacerdote, e aqueles que pelos votos da profissão religiosa se consagram de maneira especial ao serviço de Deus e da Igreja, ao celebrarem o Ofício Divino, não se sintam impelidos unicamente por uma lei a cumprir, mas antes pela reconhecida importância intrínseca da oração e pela sua utilidade pastoral e ascética. É muito desejável que a oração pública da Igreja brote da ampla renovação espiritual e da comprovada necessidade intrínseca de todo o corpo da Igreja. Esta, à semelhança do seu Chefe, só pode apresentar-se como Igreja orante.

Portanto, através do novo livro da Liturgia das Horas, que agora estabelecemos, aprovamos e promulgamos com nossa Autoridade Apostólica, ressoe ainda mais esplêndido e belo o louvor divino na Igreja do nosso tempo. Unindo-se ao que os Santos e Anjos cantam nas moradas celestes, e crescendo em perfeição no decorrer dos dias deste exílio terreno, aproxime-se cada vez mais daquele louvor pleno, eternamente tributado "àquele que está sentado no trono do Cordeiro".[9]

Estabelecemos, portanto, que este novo livro da Liturgia das Horas possa imediatamente ser usado após a sua publicação. Será competência das Conferências Episcopais mandar que se preparem suas edições em línguas nacionais, e, após aprovação ou confirmação da Santa Sé, que se estabeleça o dia em que as versões podem ou devem entrar em uso, quer por inteiro, quer apenas por parte. A começar do dia em que deverão entrar em uso as traduções para as celebrações em língua vernácula, quem continuar usando a língua latina deverá também servir-se unicamente do texto renovado da Liturgia das Horas.

Devido à idade avançada ou por outros motivos particulares, se o uso da nova Instrução provocar para alguém graves dificuldades, consente-se, com autorização do respectivo Ordinário e

---

[9] Cf. Ap 5,13.

Laudis Canticum – Constituição Apostólica de Paulo VI, 1971   23

apenas na recitação individual, conservar completo ou em parte o uso do Breviário Romano precedente.

Tudo o que decretamos e prescrevemos queremos que tenha a eficácia estável, agora e no futuro, não obstante as Constituições e Determinações apostólicas promulgadas por Nossos Predecessores, se contrárias, além de outros decretos, embora dignos de particular menção.

Dada em Roma, junto de São Pedro, a primeiro de novembro, solenidade de Todos os Santos, do ano de 1970, oitavo do nosso pontificado.

Papa Paulo VI

INSTRUÇÃO GERAL SOBRE A LITURGIA DAS HORAS

CAPÍTULO I

IMPORTÂNCIA DA LITURGIA DAS HORAS OU O OFÍCIO DIVINO NA VIDA DA IGREJA

1. A oração pública e comum do povo de Deus é considerada com razão entre as principais funções da Igreja. Nos primórdios, já os batizados "eram perseverantes em ouvir o ensinamento dos apóstolos, na comunhão fraterna, na fração

---

O capítulo I centra a teologia e o valor da LH no conjunto da vida da Igreja (1-33).

a) Antes de tudo, inicia-se o tema com a convicção da Igreja, já desde a primeira geração, sobre a importância da oração e de sua progressiva organização (1-2);

b) mas em seguida é enfocada a oração a partir de Cristo: é ele quem em sua vida nos deu exemplo de oração, mas também quem, a partir de sua existência gloriosa, continua orando diante do Pai (3-4);

c) agora a oração de Cristo é compartilhada de certo modo por toda a família humana (6), e especialmente pela Igreja (5-9);

28   *Instrução Geral sobre a Liturgia das Horas*

do pão nas orações" (At 2,42). Várias vezes atestam os Atos dos Apóstolos que a comunidade cristão orava em comum.[1] Os documentos da Igreja primitiva testemunharam também que os fiéis, cada um em particular, se entregavam à oração em determinadas horas. Assim, muito cedo prevaleceu, em diversas regiões, o costume de reservar para a prece comum dos tempos fixos, como a última hora do dia, ao anoitecer, quando se acendiam as luzes, ou a primeira, quando, saindo o Sol, a noite fica finda.

Com o decorrer do tempo, chegaram a santificar com uma prece comum também as demais horas, que os Padres viam

---

[1]   Cf. At 1,14; 4,24; 12,5.12; cf. Ef 5,19-21.

---

d) as características desta LH são múltiplas: consagra todo o curso do dia e da noite (10-11), prolonga o louvor da Eucaristia (12), a comunidade cristã exercita em união com Cristo seu sacerdócio entre Deus e a humanidade (13.15-16), é fonte de santificação (14), ao mesmo tempo louvor e súplica (17), é a culminação também da atividade pastoral (18), desde que haja sintonia entre o que dizem os lábios e o que sente o coração (19);

e) os que oram a LH são descritos nos números 20-32: a Igreja inteira é convidada à LH, sobretudo como Igreja particular em torno ao bispo (20), como paróquia, ou outros agrupamentos de fiéis leigos ou religiosos (21-27); os ministros ordenados têm um particular mandato (28-30), assim como os religiosos (31-32); o último número fala da estrutura da LH (33).

1-2: em vez de começar a partir da crise da oração, ou pela obrigação e necessidade de orar, o documento começa com uma descrição positiva do que a oração tem sido na vida da Igreja já desde o princípio, com uma evolução de formas que desembocou no que hoje é a LH. Já aqui se adianta o que depois será a chave fundamental: a LH é "oração da Igreja com Cristo e a Cristo" (2).

I – Importância da Liturgia das Horas

29

insinuadas nos Atos dos Apóstolos. Aí, de fato, aparecem os discípulos reunidos às nove horas.[2] O príncipe dos Apóstolos "subiu ao terraço para orar pelas doze horas" (10,9). "Pedro e João subiam ao templo à hora da oração, às quinze horas" (3,1). "por volta da meia noite, Paulo e Silas, em oração, louvavam a Deus" (16,25).

2. Essas orações, celebradas em comum, foram pouco a pouco aperfeiçoadas e organizadas como o ciclo completo das Horas. Enriquecidas com leituras, essa Liturgia das Horas ou Ofício Divino é antes de tudo oração de louvor e petição, e é oração da Igreja com Cristo e a Cristo.

I. A oração de Cristo

Cristo, orante do Pai

3. Vindo ao mundo para comunicar a vida de Deus aos seres humanos, o Verbo que procede do Pai, como esplendor de sua glória, "Sumo Sacerdote da Nova e Eterna Aliança, Cristo Jesus, ao assumir a natureza humana, trouxe para este exílio terreno aquele hino que é cantado por todo o sempre nas habitações celestes".[3] A partir daí, o louvor a Deus ressoa no coração de Cristo com palavras humanas de adoração, propiciação

[2] Cf. At 2,1-15.
[3] Constituição do Vaticano II sobre a Liturgia, *Sacrosanctum Concilium*, n. 83.

3-4: *a oração de Cristo.* A melhor chave teológica para entender a LH é a cristológica: Cristo é e continua sendo o Orador supremo diante do Pai. Ele é o Sumo Sacerdote e Mediador.

Antes de tudo, pelo exemplo de oração intensa que nos deu em sua vida (4). Mas também porque em sua atual existência gloriosa continua

30 Instrução Geral sobre a Liturgia das Horas

e intercessão. Tudo isso ele dirige ao Pai, como Cabeça que é da humanidade renovada e mediador entre Deus e os homens, em nome de todos e para o bem de todos.

4. O próprio filho de Deus, porém, "é um com o Pai" (cf. Jo 10,30) e ao entrar no mundo disse: "Eu vim para fazer a tua vontade" (Hb 10,9; Jo 6,38). Ele se dignou deixar-nos também exemplos de oração. Os Evangelhos muitas vezes o apresentam orando: quando o Pai revela sua missão,[4] antes de chamar os apóstolos,[5] ao bendizer a Deus na multiplicação dos pães,[6] ao se transfigurar no monte,[7] quando cura o surdo-mudo[8] e ressuscita Lázaro,[9] antes de solicitar a confissão de Pedro,[10] antes de ensinar aos discípulos como devem orar,[11] quando os discípulos voltam da missão,[12] ao abençoar as crianças,[13] e quando roga por Pedro.[14]

---

[4] Lc 3,21-22.
[5] Lc 6,12.
[6] Mt 14,19; 15,36; Mc 6,41; 8,7; Lc 9,16; Jo 6,11.
[7] Lc 9,28-29.
[8] Mc 7,34.
[9] Jo 11,41s.
[10] Lc 9,18.
[11] Lc 11,1.
[12] Mt 11,25s; Lc 10,21s.
[13] Mt 19,13.
[14] Lc 22,32.

---

sendo o Orador supremo: em seu coração continua ressoando o louvor (3); "finalmente, ressuscitado vive e ora constantemente por nós" (4).

É uma ideia que aparecerá várias vezes: Cristo assume em si a oração de toda a humanidade (6), sobretudo a da Igreja (7.13.15). Agora continua realizando seu sacerdócio mediador (louvor, súplica) através de sua Igreja (13.15.17). Cristo está presente na comunidade que ora (13). Por um lado, diz-se que a Igreja continua a oração de Cristo (17), que ora com os mesmos sentimentos com que orava o Divino Redentor (19). Mas, por outro, afirma-se que é Cristo o que ora, que a LH é voz sua, e não apenas da Igreja (17).

I – Importância da Liturgia das Horas

31

Sua atividade cotidiana está muito ligada à oração. Mais ainda, como que brotava dela, retirando-se ao deserto e ao monte para orar,[15] levantando-se muito cedo[16] ou permanecendo até a quarta vigília[17] e passando a noite em orações a Deus.[18]

Além disso, fundadamente se supõe que ele mesmo tenha tomado parte nas preces que publicamente se faziam tanto nas sinagogas, onde entrou em dia de sábado, "segundo seu costume",[19] como nas preces do templo, que ele chamou casa de oração,[20] e nas preces que os israelitas piedosos costumavam fazer individualmente todos os dias. Proferiu também as tradicionais ações de graças a Deus sobre os alimentos como é referido expressamente na multiplicação dos pães,[21] em sua última ceia[22] e na ceia de Emaús.[23] Também cantou com seus discípulos o hino.[24]

Até o fim da vida, já próximo da Paixão[25] na última ceia,[26] em sua agonia[27] e na cruz,[28] o divino Mestre nos ensina que a oração foi sempre a alma de seu ministério messiânico e do termo pascal de sua vida. Ele de fato, "nos dias de sua vida terrestre, dirigiu preces e súplicas, com forte clamor e lágrimas, àquele que era capaz de salvá-lo da morte. Foi atendido por causa de sua entrega a Deus" (Hb 5,7). Com sua oblação perfeita no altar da cruz, "levou à perfeição definitiva os que ele santifica" (Hb 10,14). Finalmente, ressuscitado dentre os mortos, vive e ora constantemente por nós.[29]

---

[15] Mc 1,35; 6,46; Lc 5,16; cf. Mt 4,1 par; Mt 14,23.
[16] Mc 1,35.
[17] Mt 14,23.25; Mc 6,46.48.
[18] Lc 6,12.
[19] Lc 4,16.
[20] Mt 21,13 par.
[21] Mt 14,19 par.; Mt 15,36 par.
[22] Mt 26,26 par.
[23] Lc 24,30.
[24] Mt 26,30 par.
[25] Jo 12,27s.
[26] Jo 17,1-26.
[27] Mt 26,36-44 par.
[28] Lc 23,34-46; Mt 27,46; Mc 15,34.
[29] Cf. Hb 7,25.

32 _Instrução Geral sobre a Liturgia das Horas_

II. A oração da Igreja

O preceito da oração

5. Jesus mandou que fizéssemos o que ele mesmo fez: "Orai", disse muitas vezes, "rogai", "pedi"[30] "em meu nome".[31] Deixou-nos também uma forma de rezar: a oração dominical.[32] Insistiu na necessidade da oração,[33] que deve ser humilde,[34] vigilante,[35]

---

[30] Mt 5,44; 7,7; 26,41; Mc 13,33; 14,38; Lc 6,28; 10,2; 11,9; 22,40.46.
[31] Jo 14,13s; 15,16s.26.
[32] Mt 6,9-13; Lc 11,2-4.
[33] Lc 18,1.
[34] Lc 18,9-14.
[35] Lc 21,36; Mc 13,33.

5-9: _a oração da comunidade._ Agora a comunidade eclesial cumpre o mandato da oração: o ensinamento de Cristo e dos Apóstolos. Embora todo o gênero humano, em sua oração, de algum modo esteja unido a Cristo (6), é a comunidade eclesial quem particularmente associa Cristo a sua própria oração (7). A bela citação de Santo Agostinho serve para descrever esta unidade de perspectiva: a LH é ao mesmo tempo oração de Cristo e da Igreja, oração a Cristo e por Cristo e de Cristo.

O sujeito desta oração já aparece claro: é a própria comunidade, coisa que depois será especificada mais insistentemente. A oração em comum é mais coerente com a própria identidade da Igreja e da LH (9): "a celebração comunitária manifesta ainda mais claramente a natureza eclesial da LH" (33); "não é ação particular, mas algo que pertence a todo o corpo da Igreja e o manifesta e atinge" (2). Por isso, o povo cristão será convidado várias vezes à oração em comum da LH (25.26.27.40). A visão teológica é que a comunidade eclesial exercita o sacerdócio mediador, unida a Cristo (13.15).

E tudo isso, pela oração do Espírito, tanto em Cristo quanto na Igreja (8).

I – Importância da Liturgia das Horas

perseverante e confiante na bondade do Pai,[36] com intenção pura e conforme a vontade de Deus.[37]

Os apóstolos, por sua vez, que em suas cartas nos transmitiram muitas orações, sobretudo de louvor e ação de graças, exortam-nos a respeito da oração no Espírito Santo,[38] por Cristo,[39] oferecida a Deus[40] com insistência e assiduidade,[41] acerca de sua eficácia santificadora,[42] bem como sobre a oração de louvor,[43] ação de graças,[44] petição[45] e intercessão em favor de todos.[46]

A Igreja continua a oração de Cristo

6. Tudo o que o ser humano tem deve a Deus, e por isso precisa reconhecer e confessar essa dependência diante do seu Criador. Assim, homens piedosos de todos os tempos o fizeram por meio da oração.

Mas, por ser dirigida a Deus, a oração deve necessariamente ser vinculada a Cristo, Senhor de todos e único Mediador.[47] Unicamente por ele temos acesso a Deus.[48] De tal maneira ele incorpora a si toda a comunidade humana,[49] que existe íntima relação entre a oração de Cristo e a oração de todo gênero humano. Em Cristo, e só nele, é que a religião humana alcança seu valor salvífico e sua finalidade.

---

[36] Lc 11,5-13; 18,1-8; Jo 14,13; 16,23.

[37] Mt 6,5-8; 23,14; Lc 20,47; Jo 4,23.

[38] Rm 8,15.26; 1Cor 12,3; Gl 4,6; Jd 20.

[39] 2Cor 1,20; Cl 3,17.

[40] Hb 13,15.

[41] Rm 12,12; 1Cor 7,5; Ef 6,18; Cl 4,2; 1Ts 5,17; 1Tm 5,5; 1Pd 4,7; Hb 13,15.

[42] 1Tm 4,5; Tg 5,15s; 1Jo 3,22; 5,14.

[43] Ef 5,19s; Hb 13,15; Ap 19,5.

[44] Cl 3,17; Fl 4,6; 1Ts 5,17; 1Tm 2,1.

[45] Rm 8,26; Fl 4,6.

[46] Rm 15,30; 1Tm 2,1s; Ef 6,18; 1Ts 5,25; Tg 5,14.16.

[47] 1Tm 2,5; Hb 8,6; 9,15; 12,24.

[48] Rm 5,2; Ef 2,18; 3,12.

[49] Cf. SC, n. 83.

34 *Instrução Geral sobre a Liturgia das Horas*

7. Especial e estreitíssima relação existe entre Cristo e aquelas pessoas que ele assume como membros de seu Corpo, que é a Igreja, através do sacramento da regeneração. Com efeito, da Cabeça se difundem por todo o corpo as riquezas do Filho: a comunhão no Espírito, a verdade, a vida e a participação em sua filiação divina, que se manifestava em toda a sua oração, enquanto ele vivia nesse mundo.

O corpo todo da Igreja participa também do sacerdócio de Cristo, de sorte que os batizados, pela regeneração e unção do Espírito Santo, são consagrados como casa espiritual e sacerdócio santo,[50] e se tornam aptos a exercer o culto da Nova Aliança, culto que não provém de nossas forças, mas dos méritos e dom de Cristo.

"Deus não podia outorgar à humanidade dom maior que o de lhe dar por cabeça seu Verbo, pelo qual criou todas as coisas, e de a incorporar ao Verbo como membro, de modo que ele fosse ao mesmo tempo Filho de Deus e Filho do Homem, um só Deus com o Pai e um só homem com os seres humanos. Assim, quando na oração falamos a Deus, não separemos dele o Filho. Quando o Corpo do Filho está orando, não separe de si sua cabeça. O mesmo e único Salvador do seu Corpo, Nosso Senhor Jesus Cristo, o Filho de Deus, ore também por nós, ore em nós e nós oremos a ele. Ele reza por nós como nosso sacerdote, reza em nós como nossa cabeça, e nós rezamos a ele como nosso Deus. "Reconheçamos, pois, nele a nossa voz e sua voz em nós."[51]

Portanto, a dignidade da oração cristã tem sua raiz na participação da piedade do Unigênito para com o Pai e daquela oração que lhe dirigiu durante sua vida terrena e que agora continua sem interrupção, em toda a Igreja e em cada um de seus membros, em e pela salvação de todo o gênero humano.

---

[50] Constituição dogmática do Vaticano II, *Lumem Gentium*, n. 10.
[51] S. Agostinho, *Enarrat in psalm. 85,1*: CCL 39. 1176.

I – Importância da Liturgia das Horas 35

Ação do Espírito Santo

8. O Espírito Santo, que está em Cristo,[52] em toda a Igreja e em cada um dos batizados, é quem realiza a unidade da Igreja orante. O mesmo "Espírito vem em socorro de nossa fraqueza" e "intercede em nosso favor com gemidos inefáveis" (Rm 8,26). Com o Espírito do Filho, ele infunde em nós "o espírito de adoção filial, no qual clamamos: Abba, Pai" (cf. Rm 8,15; Gl 4,6; 1Cor 12,3; Ef 5,18; Jd 20). Por conseguinte, não pode haver oração cristã sem a ação do Espírito Santo, que unifica a Igreja inteira, levando-a pelo Filho ao Pai.

Índole comunitária da oração

9. O exemplo e o preceito do Senhor e dos Apóstolos de orar sempre e com insistência não devem ser considerados como regra meramente legal, mas derivam da essência íntima da própria Igreja, que é comunidade e deve expressar seu caráter comunitário também ao orar. Por isso, nos Atos dos Apóstolos, quando pela primeira vez se fala da comunidade dos fiéis, esta aparece reunida em atitude de oração "junto com algumas mulheres, entre as quais Maria, mãe de Jesus e com os irmãos de Jesus" (At 1,14). "A multidão dos fiéis era um só coração e uma só alma" (At 4,32). Sua unanimidade se apoiava na Palavra de Deus, na comunhão fraterna, na oração e na Eucaristia.[53]

Mesmo a oração no quarto, a portas fechadas,[54] sempre necessária e recomendável,[55] os membros da Igreja a fazem por Cristo no Espírito Santo. Mas a oração da comunidade tem

---

[52] Cf. Lc 10,21, quando Jesus "exultou no Espírito Santo, e exclamou: 'Eu te dou graças, Pai!'".
[53] Cf. At 2,42.
[54] Cf. Mt 6,6.
[55] Cf. SC, n. 12.

36   *Instrução Geral sobre a Liturgia das Horas*

dignidade especial, já que o próprio Cristo disse: "Onde dois ou três estiverem reunidos em meu nome, eu estou ali, no meio deles" (Mt 18,20).

III. A Liturgia das Horas

Consagração do tempo

10. Cristo estabeleceu que "é preciso orar sempre e nunca desistir" (Lc 18,1). Por isso a Igreja, atendendo fielmente a essa exortação, jamais cessa de elevar suas preces, e nos exorta com estas palavras: "Por meio de Jesus, ofereçamos a Deus um perene sacrifício de louvor" (Hb 13,15). Esse preceito se cumpre, não apenas pela celebração da

---

10-11: *ao ritmo do tempo.* Uma característica específica da LH é sua relação com o ritmo do dia e da noite, a luz e a treva. A ideia aqui expressada voltará a ser desenvolvida em todo o capítulo II: "A santificação do dia ou as diversas Horas do Ofício Divino", explicando o sentido e a estrutura de cada uma.

O princípio da "veritas temporis", que já o Concílio havia destacado, em consonância com a instrução de maior verdade e autenticidade em tudo, voltará a ser especificado em outras ocasiões: "é bom que na recitação se observe o tempo que mais se aproxime do momento verdadeiro de cada Hora canônica" (11), "observando a realidade das Horas, na medida do possível" (29), "(o hino) é tomado, tanto da série noturna, como da diurna, de acordo com a realidade do tempo" (61). Paulo VI já o assinalou explicitamente na *Laudis Canticum*: "Fazendo-a coincidir (o curso da oração), na medida do possível, com o verdadeiro momento de cada uma das Horas" (LC 8). A oração não se mede pela quantidade, mas está pensada para a santificação dos diversos momentos do dia (11).

I – Importância da Liturgia das Horas

Eucaristia, mas também por outras formas, de modo particular a Liturgia das Horas.

Segundo antiga tradição cristã, ela tem a característica, entre as demais ações litúrgicas, de consagrar todo o curso do dia e da noite.[56]

11. Como a santificação do dia e de toda a atividade humana é finalidade da Liturgia das Horas, o seu curso foi de tal modo reformado que cada Hora voltou tanto quanto possível ao seu verdadeiro momento, levando-se ao mesmo tempo em contas as condições da vida moderna.[57]

Por isso tudo, "tanto para realmente santificar o dia, quanto para recitar com fruto espiritual as mesmas Horas, é bom que na recitação se observe o tempo que mais se aproxime do momento verdadeiro de cada Hora canônica".[58]

Relação da Liturgia das Horas com a Eucaristia

12. A Liturgia das Horas[59] estende pelas diversas horas do dia os louvores e ações de graças, como também a memória dos mistérios da salvação, as petições e aquele antegozo da glória celeste, contidos no mistério eucarístico, "centro e ápice de toda a vida da comunidade cristã".[60]

---

[56] Cf. SC, nn. 83-84.
[57] Cf. ibid., n. 88.
[58] Ibid., n. 94.
[59] Cf. o decreto do Vaticano II sobre os mistérios e a vida dos presbíteros *Presbyterorum Ordinis*, n. 5.
[60] Cf. o Decreto do Vaticano II sobre o múnus pastoral dos Bispos na Igreja, *Christus Dominus*, n. 30.

12: *a LH e a Eucaristia*. A Eucaristia não está ligada a nenhum momento do dia. A LH sim, e faz uma dupla função: prolonga e prepara, em relação ao curso do tempo diário, o louvor e as demais atitudes da Eucaristia (cf. índice: *Eucaristia*).

38 Instrução Geral sobre a Liturgia das Horas

A própria celebração da Eucaristia tem por sua vez, na Liturgia das Horas, a sua melhor preparação; porquanto esta desperta e alimenta da melhor maneira as disposições necessárias para celebrar com proveito a Eucaristia, quais são a fé, a esperança, a caridade, a devoção e o espírito de sacrifício.

Exercício da função sacerdotal de Cristo na Liturgia das Horas

13. Por meio de sua Igreja, Cristo exerce "a obra da redenção humana e da perfeita glorificação de Deus"[61] no Espírito Santo. E isto, não somente na celebração da Eucaristia e na administração dos sacramentos, mas também, e de preferência a outras formas, na celebração da Liturgia das Horas.[62] Nela Cristo está presente quando a assembleia está reunida, quando é proclamada a Palavra de Deus e quando a Igreja ora e salmodia.[63]

---

[61] SC, n. 5.
[62] Cf. ibid., nn. 83 e 98.
[63] Ibid., n. 7.

13: *o sacerdócio compartilhado da Igreja.* Aqui se concretiza para a LH o sacerdócio mediador, que comporta um aspecto descendente (redenção, santificação) e outro ascendente (louvor e culto a Deus), que continuam sendo ação de Cristo, compartilhada pela Igreja. A perspectiva já é do Concílio e será desenvolvida nos números seguintes.

Deus nos salva (sentido descendente), nos enche de sua graça, principalmente por sua Palavra, mas também pelos outros elementos da LH (14). E a comunidade tributa seu culto a Deus, unida a Cristo, com o louvor (15-16), com o qual também se une à comunidade do céu, e com as súplicas pelo mundo (17) (sentido ascendente). É um fecundo diálogo salvador o que se realiza na LH. O binômio "louvor–intercessão" aparece várias vezes (cf. índice: *Preces*).

I – Importância da Liturgia das Horas

Santificação do homem

14. Na Liturgia das Horas efetua-se[64] a santificação do homem e presta-se culto a Deus, de tal maneira que nela se estabelece uma espécie de intercâmbio ou diálogo entre Deus e os homens, pelo qual "Deus fala ao seu povo [...] e o povo responde a Deus, com cantos e orações".[65]

Os participantes da Liturgia das Horas dela hão de haurir, sem dúvida, copiosíssima santificação por meio da salutar Palavra de Deus, que tanta importância tem nela. As leituras são tiradas da Sagrada Escritura, as palavras de Deus transmitidas nos salmos são cantadas em sua presença, e por sua inspiração e impulso elevam-se outras preces, orações e hinos.[66]

Portanto, não somente quando se lê "tudo que outrora foi escrito para nossa instrução" (Rm 15,4), mas também quando a Igreja ora ou canta, alimenta-se a fé dos participantes, e seus pensamentos se dirigem a Deus, para lhe prestarem um culto espiritual e receberem copiosamente sua Graça.[67]

Louvor tributado a Deus em união com a Igreja celeste

15. Na Liturgia das Horas, a Igreja, exercendo "sem cessar"[68] a função sacerdotal de sua Cabeça, oferece a Deus um sacrifício de louvor, isto é, o fruto dos lábios que glorificam o seu nome.[69]

Esta oração é "a voz da Esposa que fala ao Esposo, e também a oração que o próprio Cristo, unido ao seu Corpo, eleva ao Pai".[70] "Por conseguinte, todos os que desempenham

---

[64] Cf. ibid., n. 10.
[65] Ibid., n. 33.
[66] Cf. ibid., n. 24.
[67] Cf. SC, n. 33.
[68] 1Ts 5,17.
[69] Cf. Hb 13,15.
[70] SC, n. 84.

40 *Instrução Geral sobre a Liturgia das Horas*

esta função não somente satisfazem ao ofício da Igreja, mas também participam da honra suprema da Esposa de Cristo, pois estão, em nome da Mãe Igreja, diante do trono de Deus, cantando os louvores divinos".[71]

16. Mediante o louvor tributado a Deus nas Horas, a Igreja se associa àquele hino de louvor que se canta por todo o sempre nas habitações celestes.[72] Ao mesmo tempo antegoza daquele louvor celeste descrito por João no Apocalipse e que ressoa ininterruptamente diante do trono de Deus e do Cordeiro. Nossa íntima união com a Igreja celeste realiza-se efetivamente quando, "em comum exultação, cantamos os louvores à divina majestade, e de todos, redimidos no sangue de Cristo, vindo de toda a tribo, língua, povo e nação (cf. Ap 5,9), congregados numa só Igreja, num só cântico de louvor, engrandecemos ao Deus Uno e Trino".[73]

Essa Liturgia celeste foi anunciada pelos profetas como vitória do dia sem noite, da luz sem trevas: "Para ti, o sol não mais será para luzir de dia, nem luz da lua para iluminar, mas o próprio Senhor será tua luz eterna" (Is 60,19; cf. Ap 21,23.25). "Será um só dia contínuo, só conhecido do Senhor, sem divisão de dia e noite; ao cair da tarde, haverá luz" (Zc 14,7). Contudo, "a era final do mundo já chegou até nós (cf. 1Cor 10,11) e a renovação do mundo foi irrevogavelmente decretada e, de certo modo real, já antecipada no tempo presente".[74] Pela fé, somos de tal maneira instruídos sobre o sentido da nossa vida temporal, que junto com toda a criação aguardamos a revelação dos filhos de Deus.[75] Na Liturgia das Horas proclamamos essa fé, expressamos e alimentamos essa esperança, e, em certo sentido, já participamos daquela alegria do louvor perene e do dia que não conhece o ocaso.

---

[71] Ibid., n. 85.
[72] Cf. ibid., n. 83.
[73] LG, n. 50; cf. SC, nn. 8 e 104.
[74] LG, n. 48.
[75] Cf. Rm 8,19.

I – Importância da Liturgia das Horas 41

Súplica e intercessão

17. Na liturgia, além de louvar a Deus, a Igreja transmite a ele os sentimentos e desejos de todos os fiéis cristãos. Mais ainda: pede a Cristo, e por ele ao Pai, pela salvação do mundo inteiro.[76] Essa voz não é somente da Igreja, mas também do próprio Cristo, ou seja, "por nosso Senhor Jesus Cristo". Assim a Igreja prolonga aquelas preces e súplicas que Cristo expressou nos dias de sua vida mortal.[77] Daí sua eficácia sem par. Desse modo, a comunidade eclesial exerce verdadeira maternidade para com as pessoas que deve conduzir a Cristo, não apenas pela caridade, o exemplo e as obras de penitência, mas também pela oração.[78]

Isso se aplica principalmente a todos aqueles a quem de modo especial se confiou a celebração da Liturgia das Horas, a saber: os bispos, presbíteros e diáconos, que por força do próprio ministério são constituídos como orantes em prol de sua grei e de todo o povo de Deus,[79] como também os religiosos.[80]

Ápice e fonte de atividade pastoral

18. Portanto, aqueles que tomam parte na Liturgia das Horas fazem crescer o povo do Senhor, através de

---

[76] Cf. SC, n. 83.
[77] Cf. Hb 5,7.
[78] Cf. PO, n. 6.
[79] Cf. LG, n. 41.
[80] Cf. *infra*, n. 24.

O n. **18** relaciona a pregação da LH com a atividade pastoral: além de descrever os frutos e benefícios que vêm desta oração (expressa o mistério da Igreja, é fonte de vida...), afirma que também quando oramos estamos contribuindo para o crescimento do povo de Deus. Quando

42 Instrução Geral sobre a Liturgia das Horas

misteriosa fecundidade apostólica.[81] Pois o objetivo da atividade apostólica é "que todos os que se tornaram filhos de Deus pela fé e pelo Batismo se reúnam, louvem a Deus no meio da Igreja, participem do sacrifício e se alimentem da ceia do Senhor.[82]

Desse modo, os fiéis expressam pela vida e manifestam aos demais "o mistério de Cristo e a genuína natureza da verdadeira Igreja, que se caracteriza por ser [...] visível, mas ornada de dons invisíveis, operosa na ação e devotada à contemplação, presente no mundo e, no entanto, peregrina".[83]

Por sua vez, as leituras e preces da Liturgia das Horas são fonte de vida cristã. Esta se alimenta na mesa da Sagrada Escritura e com as palavras dos Santos, e se fortalece com as preces. Porque somente o Senhor, sem o qual nada podemos fazer,[84] é que pode, a nosso pedido, dar eficácia e incremento às nossas obras,[85] para que nos edifiquemos cada dia como templos de Deus no Espírito,[86] até alcançarmos a estatura de Cristo em sua plenitude[87] e ao mesmo tempo robustecermos nossas forças, a fim de anunciarmos Cristo aos que se encontram de fora.[88]

---

[81] Cf. o decreto do Vaticano II sobre a atualização dos Religiosos, *Perfectae Caritatis*, n. 7.
[82] SC, n. 10.
[83] Ibid., n. 2.
[84] Cf. Jo 15,5.
[85] Cf. SC, n. 86.
[86] Cf. Ef 2,21-22.
[87] Cf. Ef 4,13.
[88] Cf. SC, n. 2.

---

o número anterior, 17, e depois o 28, falam do mandato especial dos pastores para a oração, está presente esta perspectiva: o que dá eficácia a todo trabalho pastoral é Deus. Por isso a urgência da oração.

I – Importância da Liturgia das Horas 43

Que a mente concorde com a voz

19. Para que essa oração seja algo próprio de cada um dos que nela participam e se torne fonte de piedade e da multiforme graça divina e alimento de oração individual e da ação apostólica, é preciso que nela a mente concorde com a voz, celebrando-a com dignidade, atenção e devoção.[89] Todos cooperem diligentemente com a graça divina, para não a receberem em vão. Buscando a Cristo e penetrando cada vez mais intimamente em seu mistério mediante a oração,[90] louvem a Deus e façam súplicas com a mesma intenção com que o divino Redentor orava.

IV. Quem celebra a Liturgia das Horas

a) Celebração em comum

20. A Liturgia das Horas, como as demais ações litúrgicas, não é ação particular, mas algo que pertence a todo o corpo da

---

[89] Cf. ibid., n. 90; S. Bento, *Regula Monasteriorum*, c. 19.
[90] Cf. PO, n. 14, Decreto sobre a formação sacerdotal, *Optatam Totius*, n. 8.

19: *"mens concordet voci"*: para que esse panorama tão otimista do n. 18 seja verdade, é necessário rezar a LH em sintonia interior, em união com Cristo, com seus mesmos sentimentos (cf. índice: *Espiritualidade*).

20-32: *os que celebram a LH*

- antes de tudo, a igreja local, com seu bispo e clero (20),

- as paróquias (21) e outros grupos de fiéis (22),

- com uma particular responsabilidade de convocatória para os ordenados (17.23),

44 Instrução Geral sobre a Liturgia das Horas

Igreja e o manifesta e atinge.[91] O caráter eclesial de sua celebração aparece principalmente quando é realizado pela Igreja particular, o que aliás se recomenda de modo especial. É de fato na Igreja particular, com seu bispo rodeado por seus presbíteros e ministros,[92] que "está verdadeiramente e opera a Una, Santa, Católica e Apostólica Igreja de Cristo".[93] Embora não estando presente o bispo, o cabido de cônegos ou presbíteros outros, tal celebração deve sempre ser feita, considerando a realidade das horas e, quanto possível, com participação do povo. Isso vale também para os cabidos colegiados.

21. Celebrem as Horas principais, se possível comunitariamente na igreja, os demais grupos de fiéis. Entre eles se destacam as paróquias, por serem células da diocese, governadas localmente por um pastor que faz as vezes do bispo e que "de algum modo representam a Igreja visível estabelecida por toda a terra".[94]

22. Portanto, quando os fiéis são chamados à Liturgia das Horas, e se reúnem, unindo seus corações e vozes, manifestam a Igreja que celebra o mistério de Cristo.[95]

---

[91] Cf. SC, n. 26.
[92] Cf. ibid., n. 41.
[93] Cf. CD, n. 11.
[94] SC, n. 42, cf. Decreto sobre o apostolado dos leigos, *Apostolicam Actuositatem*, n. 10.
[95] Cf. SC, nn. 26 e 84.

- especial sentido da oração dos religiosos ou cônegos obrigados ao coro (17.24.31),

- também convida à oração em comum os demais clérigos (25) e religiosos (26.32), assim como os leigos,

- especificam-se os motivos do mandato para os ordenados (28.30),

- assim como a gradação da obrigatoriedade para as várias Horas (29).

20-22: *a comunidade dos fiéis*: esta perspectiva tem a primazia, como em SC 41; a motivação é a última frase do n. 22.

I – Importância da Liturgia das Horas   **45**

23. É função dos que receberam a ordem sagrada ou que foram investidos de particular missão canônica[96] convocar e dirigir a oração da comunidade: "Trabalhem para que todos os que se encontram sob seus cuidados vivam unânimes na oração".[97] Cuidem, pois, de convidar os fiéis e formá-los com a devida catequese para a celebração comunitária das principais partes da Liturgia das Horas,[98] sobretudo nos domingos e festas. Ensinem-lhes a dela participarem de modo a fazerem a autêntica oração.[99] Por isso, ajudem-nos com a devida instrução a entenderem o sentido cristão dos salmos, de sorte que, pouco a pouco, sejam levados a maior gosto e prática na oração da Igreja.[100]

24. As comunidades de cônegos, monges, monjas e outros religiosos que, em virtude da Regra ou das Constituições, recitam a Liturgia das Horas na íntegra ou em parte, quer em comum quer em rito particular, representam de modo especial a Igreja orante. Com efeito, mostram mais plenamente a imagem

---

[96] Cf. Decreto do Vaticano II sobre a atividade missionária, *Ad Gentes*, n. 17.
[97] CD, n. 15.
[98] Cf. SC, n. 100.
[99] Cf. PO, n. 5.
[100] Cf. *infra*, nn. 100-109.

23: os *ministros ordenados*: antes de dizer para eles orarem, algo que fará no n. 28, lhes dá uma incumbência: convocar, dirigir, convidar, proporcionar catequese, ensinar, encaminhar, instruir… Uma interessante mudança de orientação no dever fundamental dos ordenados quanto à oração.

24: A motivação dos *religiosos* é que são, por um lado, sinal e, por outro, fermento: representam a Igreja e cooperam em seu crescimento com sua ação e oração.

Ao falar dos religiosos se distingue entre os obrigados ao coro (24.31) e os não obrigados (26.32).

46 *Instrução Geral sobre a Liturgia das Horas*

da Igreja que, sem cessar e em uníssono, louva ao Senhor. Elas cumprem, particularmente mediante a oração, o dever de "colaborar na edificação e progresso de todo o Corpo Místico de Cristo e no bem das Igrejas particulares".[101] Isso vale sobretudo para os que se dedicam à vida contemplativa.

25. Os ministros sagrados e todos os clérigos que não estejam obrigados por outros motivos à celebração comunitária, quando vivem em comunidade ou se reúnem, procurem celebrar em comum pelo menos alguma parte da Liturgia das Horas, sobretudo Laudes e Vésperas.[102]

26. Aos religiosos de ambos os sexos e aos membros de qualquer Instituto de perfeição não obrigados à celebração comunitária, recomenda-se encarecidamente que se reúnam entre si ou com o povo, para celebrarem juntos essa Liturgia, ao menos em parte.

27. Os grupos de leigos, em qualquer lugar em que se encontrem reunidos, são convidados a cumprir essa função da Igreja,[103] celebrando parte da Liturgia das Horas, seja qual for o motivo pelo qual se reuniram: oração, apostolado ou qualquer outra razão. Convém que aprendam a adorar a Deus Pai em espírito e verdade,[104] antes de tudo na ação litúrgica, e tenham presente que, mediante o culto público e a oração, atingem toda a humanidade e podem fazer muito pela salvação de todo o mundo.[105]

---

[101] CD, n. 33; cf. PC, nn. 6. 7 e 15; cf. AG, n. 15.
[102] Cf. SC, n. 99.
[103] Cf. ibid., n. 100.
[104] Cf. Jo 4,23.
[105] Cf. Declaração do Vaticano II sobre a educação cristã, *Gravissimum Educationis*, n. 2; AA n. 16.

25-27: convida-se a uma *oração em comum* da LH, tanto a clérigos, quanto a religiosos e leigos. Isso será repetido no n. 32. A motivação é a afirmação final do n. 27.

I – Importância da Liturgia das Horas

47

Finalmente, convém que a família, qual santuário doméstico da Igreja, não apenas reze a Deus em comum, mas celebre além disso algumas partes da Liturgia das Horas segundo pareça oportuno, inserindo-se com isso mais intimamente na Igreja.[106]

b) Mandato de celebrar a Liturgia das Horas

28. Aos ministros sagrados se confia de maneira tão especial a Liturgia das Horas, que, embora não havendo povo, deverão celebrá-la fazendo, obviamente, as necessárias adaptações. A Igreja os encarrega da Liturgia das Horas, para que esta missão da comunidade seja desempenhada ao menos por eles de maneira certa e constante, e a oração de Cristo continue sem cessar na Igreja.[107]

---

[106] Cf. AA, n. 11.
[107] Cf. PO, n. 13.

28-30: os *ministros ordenados* são os que aqui nomeia (bispos e presbíteros: 28) e os que antes o n. 29 chamou de "demais ministros sagrados" e que, devido às variantes introduzidas por ocasião do novo Código de Direito Canônico de 1983, agora já se chamam "os diáconos que se preparam para o presbiterato" (29) e "os diáconos permanentes, que também receberam o mandato da Igreja" (30).

O motivo desta especial relação com a LH é o mandato (deputação) que receberam da Igreja: por sua condição de pastores, devem ir adiante de seu povo em todos os aspectos, também neste da oração, seguindo o Pastor por excelência, Cristo.

A obrigatoriedade das diversas Horas está muito matizada no n. 29: "tenham o cuidado de não omiti-las a não ser por razões graves", "fielmente", "todo o seu interesse". Depois, para cada Hora, voltará a ser retratada sua identidade e sentido espiritual no curso do dia.

48   *Instrução Geral sobre a Liturgia das Horas*

Representando a Cristo de modo eminente e visível, o bispo é o grande sacerdote de sua grei. Dele, de certo modo, deriva e depende a vida de seus fiéis em Cristo.[108] Por isso, entre os membros de sua Igreja, o bispo deve ser o primeiro na oração. E sua oração, ao recitar a Liturgia das Horas, se faz sempre em nome da Igreja e pela Igreja que lhe foi confiada.[109]

Unidos ao bispo e a todo o presbitério, os presbíteros, representantes especiais, também eles, de Cristo sacerdote,[110] participam da mesma função, rogando a Deus por todo o povo que lhes foi confiado e mesmo pelo mundo inteiro.[111]

Todos esses desempenham o serviço do Bom Pastor, que roga pelos seus, para que tenham vida e sejam perfeitos na unidade.[112] Na Liturgia das Horas, que a Igreja lhes oferece, não só encontrem uma fonte de piedade e alimento de sua oração pessoal,[113] mas também nutram e incentivem, através de intensa contemplação, sua atividade pastoral e missionária para proveito de toda a Igreja de Deus.[114]

29. Portanto, os bispos, os presbíteros e os diáconos que se preparam para o presbiterato e que receberam da Igreja (cf. n. 17) o encargo de celebrar a Liturgia das Horas cumpram cada dia integralmente seu curso,[115] observando a realidade das Horas, na medida do possível.

Antes de tudo, dispensem a devida importância às Horas que são como eixo dessa Liturgia, ou seja, Laudes e Vésperas. Tenham cuidado de não omiti-las a não ser por razões graves.

Além disso, recitem fielmente o Ofício das Leituras, que acima de tudo é uma celebração litúrgica da Palavra de Deus. Dessa forma, cumprem diariamente o ministério que lhes é próprio, pela

---

[108] Cf. SC, n. 41.
[109] Cf. LG, n. 26; CD, n. 15.
[110] Cf. PO, n. 13.
[111] Cf. ibid., n. 5.
[112] Cf. Jo 10,11; 17,20-23.
[113] Cf. SC, n. 90.
[114] Cf. LG, n. 41.
[115] Cf. C.I.C., cân. 276 – 2,3º e 1174-1.

I – Importância da Liturgia das Horas

razão peculiar de acolher a Palavra de Deus, mediante a qual se tornarão mais perfeitos discípulos do Senhor e hão de saborear mais profundamente as insondáveis riquezas de Cristo.[116] Para melhor santificar o dia todo, colocarão também todo o seu interesse em recitar a Hora Média e as Completas. Com estas concluem a "obra de Deus" antes de se deitarem, e a Deus se confiam.

30. Os diáconos permanentes, que também receberam o mandato da Igreja, rezem todos os dias, ao menos a parte da Liturgia das Horas que a Conferência Episcopal tiver estabelecido.[117]

31. a) Os cabidos catedrais e as colegiadas devem recitar em coro as partes da Liturgia das Horas que lhe são fixadas pelo direito comum ou particular.

Cada membro desses cabidos, além das Horas que todos os ministros sagrados devem recitar, são obrigados a rezar em particular as Horas não recitadas em cabido.[118]

b) As comunidades religiosas obrigadas à Liturgia das Horas e cada um de seus membros celebrem as Horas segundo a norma de seu direito particular, salvo o que prescreve o n. 29 a respeito daqueles que receberam a Ordem Sagrada.

Contudo, as comunidades obrigadas ao coro celebrem diariamente o curso integral das Horas em coro;[119] fora do coro, porém, os membros recitem as Horas segundo o direito particular, ressalvado sempre o prescrito no n. 29.

---

[116] Cf. Constituição dogmática do Vaticano II sobre a revelação divina, *Dei Verbum*, n. 25; PO, n. 13.

[117] Cf. C.I.C., cân. 276 – 2,3º; Paulo VI, Motu proprio, *Sacrum Diaconatus Ordinem*, 18.6.1967, n. 27: AAS 59 (1967), p. 703.

[118] Cf. Instrução da SC. dos Ritos, *Inter Oecumenici*, 26.9.1964, n. 78b: AAS 56 (1964), p. 895.

[119] Cf. SC, n. 95.

31: O segundo item do número (b) foi acrescentado na edição corrente de 1971; não estava na edição prévia da IGLH.

50 Instrução Geral sobre a Liturgia das Horas

32. Às demais comunidades religiosas e a cada um de seus membros recomenda-se que, tanto quanto permitirem as condições em que se encontram, celebrem algumas partes da Liturgia das Horas, que é o coração da Igreja e que faz todos os que estão dispersos terem um só coração e uma só alma.[120] O mesmo se recomenda aos leigos.[121]

c) Estrutura da celebração

33. A Liturgia das Horas rege-se por leis próprias, que organizam de modo peculiar os elementos encontrados em outras celebrações cristãs. Sua estrutura é tal que, começando com o hino, tenha sempre a salmodia, uma leitura longa ou breve das Sagradas Escrituras e, finalmente, as preces.

Tanto na celebração comunitária como na recitação individual permanece a estrutura essencial dessa Liturgia: o diálogo entre Deus e o homem. No entanto, a celebração comunitária manifesta ainda mais claramente a natureza eclesial da Liturgia das Horas, favorece a participação ativa de todos, segundo a condição de cada um, por meio das aclamações, do diálogo, da salmodia alternada e de outros gêneros de expressão.[122]

Por isso, sempre que a celebração possa ser feita comunitariamente com assistência e participação ativa dos fiéis, deve ser

---

[120] Cf. At 4,32.
[121] Cf. SC, n. 100.
[122] Cf. SC, nn. 26.28-30.

33: Termina este capítulo de princípios com a descrição da *estrutura geral* da LH. Uma estrutura que não é retratada fria ou juridicamente, mas fazendo ver seu sentido teológico e espiritual: colóquio com Deus, expressão da Igreja etc. O que aqui já aponta do canto será desenvolvido amplamente a partir do n. 100.

I – Importância da Liturgia das Horas

preferida à celebração individual ou particular.[123] Além disso, na celebração coral e comunitária, convém que o ofício, se for oportuno, seja cantado, tendo em conta a natureza e importância de cada uma de suas partes.

Assim, se cumprirá a exortação do Apóstolo: "Que a palavra de Cristo, com toda a sua riqueza, habite em vós. Ensinai e admoestai-vos uns aos outros com toda a sabedoria. Do fundo dos vossos corações, cantai a Deus salmos, hinos e cânticos que o Espírito inspira, pois estais na Graça de Deus" (Cl 3,16; cf. Ef 5,19-20).

---

[123] Cf. ibid., n. 27.

CAPÍTULO II

A SANTIFICAÇÃO DO DIA OU AS DIVERSAS HORAS DO OFÍCIO DIVINO

I. Introdução de todo ofício

34. O ofício é introduzido normalmente pelo Invitatório, que consta do verso: *"Abri os meus lábios, ó Senhor. E minha boca anunciará vosso louvor"*, com o Salmo 94(95). Com esse Invitatório os fiéis são convidados cada dia a cantar os louvores

---

As diversas horas do ofício. O *capítulo II* detalha a estrutura e o sentido que a oração tem ao longo das diversas horas: o invitatório como introdução (34-36), Laudes e Vésperas (37-54), o Ofício das Leituras (55-69), a Hora Média (74-83) e Completas (84-92). À maneira de apêndice, descreve-se como se pode unir em uma mesma celebração uma Hora como estas com a Eucaristia (93-99).

34-36: *o Invitatório*: antes de tudo se diz seu sentido e depois o modo concreto de realizá-lo antes do Ofício das Leituras ou das Laudes. Nos nn. 41 e 60 voltará a ser citado por ocasião de cada uma destas duas horas.

54   *Instrução Geral sobre a Liturgia das Horas*

de Deus e a escutar sua voz, e são incentivados a desejar o repouso do Senhor.[1]

Contudo, se parecer oportuno, o Salmo 94(95) pode ser substituído pelos Salmos 99(100), 66(67) ou 23(24).

Conforme se explica no devido lugar, convém que o salmo invitatório seja recitado de modo responsorial com sua antífona, que no início é proposta e repetida, sendo retornada após cada estrofe.

35. O lugar do Invitatório é no começo de todo o ciclo da oração cotidiana, ou seja, ele precede as Laudes ou o Ofício das Leituras, conforme o dia comece com a primeira ou a segunda dessas ações litúrgicas. Mas, se parecer oportuno, o salmo com sua antífona poderá ser omitido, caso preceda as Laudes.

36. Será indicado no devido lugar o modo de variar a antífona do Invitatório, de acordo com os diversos dias litúrgicos.

II. Laudes e Vésperas

37. "Segundo uma venerável tradição de toda a Igreja, as Laudes, como oração da manhã, e as Vésperas, como oração da tarde, constituem como que os dois polos do ofício cotidiano. Sejam consideradas como as horas principais e como tais sejam celebradas."[2]

[1] Cf. Hb 3,7-4,16.
[2] SC, n. 89a; cf. ibid., n. 100.

37-40: *sentido das Laudes e Vésperas*. Antes de passar para a estrutura, aponta-se o sentido destas duas horas, já desde os primeiros séculos, como mais adequadas ao ritmo diário (manhã e tarde, princípio e fim da jornada) e da participação do povo. Os nn. 38 e 39 descrevem bem o espírito destas duas horas fundamentais. Repete-se várias vezes ao longo da IGLH sua importância (cf. índice: *Laudes e Vésperas*).

II – A santificação do dia ou as diversas Horas do Ofício Divino   55

38. As Laudes se destinam e se ordenam à santificação do período da manhã conforme se depreende de muitos de seus elementos. Esse caráter matutino está muito bem expresso nas palavras de São Basílio Magno: "O louvor da manhã tem por finalidade consagrar a Deus os primeiros movimentos de nossa alma e de nossa mente, e, antes de nos ocuparmos com qualquer outra coisa, deixar que nosso coração se regozije pensando em Deus, conforme está escrito: 'Quando me lembro do Senhor, minha alma desfalece' (Sl 76[77],4). Pois o corpo não se deve entregar ao trabalho sem antes termos cumprido o que disse a Escritura: 'É a vós que eu dirijo minha prece; de manhã já me escutais! Desde cedo eu me preparo para vós e permaneço à vossa espera' (Sl 5,4-5)".[3]

Por outro lado, essa hora é celebrada ao despontar a luz do novo dia e evoca a ressurreição do Senhor Jesus, que é "a luz de verdade, que ilumina todo ser humano" (cf. Jo 1,9); é o "sol da justiça" (Ml 3,20) "que nasce do alto" (Lc 1,78). É neste sentido que bem se entende a admoestação de São Cipriano: "Deve-se orar logo de manhã, para celebrar na oração matinal a ressurreição do Senhor".[4]

39. As Vésperas são celebradas à tarde, ao declinar do dia, para "agradecer o que nele temos recebido ou o bem que nele fizemos".[5]

Relembramos também nossa redenção por meio da oração, que elevamos "como incenso na presença do Senhor", e na qual o "levantar nossas mãos" é como "sacrifício vespertino".[6] Isso pode também "entender-se no sentido mais sagrado daquele verdadeiro sacrifício vespertino que nosso Senhor e Salvador entregou aos Apóstolos, enquanto ceavam juntos, ao instituir os sacrossantos mistérios da Igreja. Ou também daquele outro sacrifício vespertino, isto é, na plenitude dos tempos, pelo qual ele mesmo, no dia seguinte estendendo as

---

[3]   S. Basílio Magno, *Regulae fusius tractatae*, Resp. 37,3: PG 31, 1014.
[4]   S. Cipriano, *De oratione dominica*, 35: Pl 4, 561.
[5]   S. Basílio Magno, op. cit.: PG 31, 1015.
[6]   Cf. Sl 140(141),2.

56 Instrução Geral sobre a Liturgia das Horas

mãos, se entregou ao Pai pela salvação do mundo inteiro".[7] E, para que nossa esperança se focalize afinal naquela luz que não conhece o ocaso, "oramos e pedimos que a luz venha de novo a nós, rogamos pela vinda gloriosa de Cristo, o qual nos trará a graça da luz eterna".[8] Finalmente, nesta hora fazemos nossos os sentimentos das Igrejas orientais, invocando a "Luz radiante, da santa glória do eterno Pai celeste, Jesus Cristo. Chegados ao fim do dia e, contemplando a luz da tarde, cantamos o Pai e o Filho e o Espírito Santo de Deus".

40. Por conseguinte, deve-se dar a maior importância às Laudes e às Vésperas, como orações da comunidade cristã. De maneira particular, entre os que levam vida comum, seja incentivada sua celebração pública ou comunitária. Recomende-se mesmo a sua recitação a todos os fiéis que não podem tomar parte na celebração comum.

41. As Laudes e as Vésperas começam com o versículo introdutório: *Vinde, ó Deus, em meu auxílio. Socorrei-me sem*

[7] Cassiano, *De instituicione coenob.*, lib. 3. c. 3: PL 49, 124,125.
[8] S. Cipriano, *De oratione dominica*, 35: PL 4, 560.

41-54: *a estrutura das Laudes e Vésperas* poderia ser resumida assim:

	invocação inicial	
	hino	
	SALMODIA	
salmo matutino		salmo
cântico do AT		salmo
salmo de louvor		cântico do NT
	leitura	
	(homilia)	
	(responso breve)	
	cântico evangélico	
Benedictus		*Magnificat*
	preces	
oferecimento do dia		intercessões universais
	Pai-Nosso	
	oração final	
	bênção e despedida	

II – A santificação do dia ou as diversas Horas do Ofício Divino   57

demora, ao qual segue *Glória ao Pai...* e *Como era no princípio...* com *Aleluia* (este se omite no tempo da Quaresma). Tudo isso, porém, se suprime nas Laudes, quando precedidas do Invitatório.

42. Imediatamente depois, se diz o hino correspondente, que foi disposto de maneira a dar colorido próprio a cada hora ou a cada festa e, sobretudo na celebração com o povo, a fazer com que a oração comece com mais facilidade e encanto.

43. Depois do hino, segue-se a salmodia, tal como determinam os nn. 121-125. A salmodia das Laudes consta de um salmo matutino, seguido de um cântico do Antigo Testamento, e de outro salmo de louvor, segundo a tradição da Igreja.

A salmodia das Vésperas consta de dois salmos, ou de duas partes de um salmo mais longo, adequados a esta hora e à sua celebração com o povo, e de um cântico tirado das Cartas dos Apóstolos ou do Apocalipse.

44. Terminada a salmodia, faz-se a leitura, breve ou longa.

45. A leitura breve muda de acordo com o dia, o tempo ou a festa. Deve ser lida e ouvida como verdadeira proclamação da Palavra de Deus, frisando algum pensamento bíblico. Ajudará a destacar alguns pensamentos breves que na leitura contínua da Sagrada Escritura poderiam passar despercebidos.

As leituras breves variam a cada dia, conforme a distribuição dos salmos.

46. Contudo, a critério de quem reza, especialmente na celebração com o povo, pode-se escolher uma leitura bíblica mais longa, quer a do Ofício das Leituras, quer uma das que são

---

De cada um destes elementos se fala aqui ordenadamente, mas no capítulo III ("os diversos elementos da LH") voltarão a ser vistos mais detidamente. Para ver as referências internas que há no documento sobre cada um deles, consultar o índice (*Invitatório, Hino, Salmos, Cânticos, Leitura, Homilia, Responsórios, Preces, Pai-Nosso, Oração conclusiva*).

58 *Instrução Geral sobre a Liturgia das Horas*

lidas na Missa, particularmente de textos que por alguma razão não puderam ser lidos. Além do mais, não há inconveniente algum também que se escolha, às vezes, outra leitura mais adequada, observando-se o que é dito nos nn. 248, 249 e 251.

47. Na celebração com o povo, se parecer oportuno, poderá ser acrescentada breve homilia para explicar a leitura.

48. Depois da leitura ou da homilia, julgando-se conveniente, poderá também ser observado certo tempo de silêncio.

49. Como resposta à Palavra de Deus, se oferece um canto responsorial ou responsório breve, que poderá ser omitido, caso se julgue oportuno.

Todavia, pode ser substituído por outros cantos da mesma função e gênero, contanto que tenham sido devidamente aprovados pela Conferência Episcopal para esse fim.

50. Em seguida, se diz solenemente, com sua antífona, o cântico evangélico, a saber: para as Laudes, o cântico de Zacarias (*Benedictus*); e para as Vésperas, o cântico da Virgem Maria (*Magnificat*).

Esses cânticos, ratificados pelo costume secular e popular da Igreja Romana, expressam louvor e ação de graças pela redenção. A antífona do *Benedictus* e do *Magnificat* é indicada conforme o dia, o tempo ou a festa.

51. Nas Laudes, terminado o cântico, seguem-se as preces para consagrar a Deus o dia e o trabalho. Nas Vésperas, seguem-se as intercessões (cf. nn. 179-193).

52. Depois de mencionadas preces ou intercessões, todos dizem o *Pai- nosso*.

53. Recitado o *Pai-Nosso*, reza-se imediatamente a oração conclusiva, que se encontra no Saltério para os dias da semana e no Próprio para os outros dias.

54. Por fim, o sacerdote ou o diácono, caso presida, despede o povo com a saudação: *O senhor esteja convosco* e com a bênção, como na Missa, seguindo-se o *Ide em paz* e a resposta: *Graças a Deus*. Noutros casos, a celebração termina com *O Senhor nos abençoe...*

II – A santificação do dia ou as diversas Horas do Ofício Divino   59

III. Ofício das Leituras

55. O Ofício das Leituras quer apresentar ao povo de Deus, mui especialmente aos que de modo peculiar estão consagrados ao Senhor, meditação mais substanciosa da Sagrada Escritura e as melhores páginas de autores espirituais. Embora atualmente se leia na Missa cotidiana uma série variada de textos bíblicos, será de grande proveito para a alma o tesouro da revelação e tradição contido no Ofício das Leituras. Principalmente os sacerdotes devem buscar essas riquezas, a fim de poderem transmitir a todos a Palavra de Deus, que eles mesmos receberam, e assim transformarem sua pregação em "alimento para o povo de Deus".[9]

56. A oração deve acompanhar a leitura da Sagrada Escritura, para que se estabeleça o diálogo entre Deus e o ser humano, pois "a ele falamos quando oramos, a ele escutamos quando lemos os oráculos divinos".[10] Por isso, o Ofício das

---

[9]   Pontifical Romano, *De ordinatione presbyterorum*, n. 14.
[10]   S. Ambrósio, *De officiis ministrorum* I, 20, 88: PL 16, 50: DV, n. 25.

55-69: *o Ofício das Leituras*

Descreve-se primeiro a razão de ser desta hora (55-59) (a completar com o que já se disse no n. 29 falando dos ministros ordenados e no n. 140, ao centrar a importância da palavra) e depois a estrutura de sua oração (60-69).

É interessante a flexibilidade a respeito do caráter noturno (que se recomenda ou se obriga, segundo os casos) e sua oração durante o dia, na hora que parecer mais oportuna para quem ora (57): já foi decisão do concílio (SC 89). Conforme seja esta opção, os hinos serão adaptados (61).

No capítulo III se voltará a falar mais detidamente sobre todos os elementos que compõem o Ofício das Leituras: cf. índice (*Ofício das Leituras*).

60   Instrução Geral sobre a Liturgia das Horas

Leituras consta também de salmos, hino, oração e outras fórmulas, e apresenta caráter de verdadeira oração.

57. Segundo a Constituição *Sacrosanctum Concilium*, o Ofício das Leituras, "embora conserve no coro a índole de louvor noturno, receba tal adaptação que possa ser recitado em qualquer hora do dia, e conste de menos salmos e de lições mais extensas".[11]

58. Por conseguinte, aqueles que devem, por direito particular, ou louvavelmente querem manter o caráter de louvor noturno deste ofício, seja que o recitem de noite ou de madrugada, antes das Laudes, ao longo do Tempo Comum tornarão o hino da série destinada para este fim. Além disso, para os domingos, solenidades e certas festas, note-se o que os nn. 70-73 dizem a respeito das vigílias.

59. Permanecendo firme a disposição anterior, pode-se rezar o Ofício das Leituras a qualquer hora do dia e mesmo da noite anterior, após as Vésperas.

60. Caso seja recitado antes das Laudes, o Ofício das Leituras é precedido do versículo: *Abri os meus lábios, ó Senhor,* e do Invitatório, como se disse nos nn. 34-36. Noutros casos, começa com o versículo *Vinde, ó Deus, em meu auxílio,* seguido de *Glória, Como era* e, fora do tempo da Quaresma, com *Aleluia.*

61. A seguir, recita-se o hino, que no Tempo Comum é tomado tanto da série noturna, conforme está indicado no n. 58, como da série diurna, de acordo com a realidade do tempo.

62. Vem depois a salmodia, que consta de três salmos (ou partes, caso os respectivos salmos sejam demasiadamente longos). No Tríduo Pascal, nos dias da oitava da Páscoa e do Natal e nas solenidades e festas, os salmos são próprios com suas respectivas antífonas.

Todavia, nos domingos e dias de semana, os salmos com suas antífonas são tirados do saltério corrente. São também

---

[11]   SC, n. 89c.

II – A santificação do dia ou as diversas Horas do Ofício Divino   61

do saltério corrente os salmos das memórias dos santos, a menos que estas tenham salmos ou antífonas próprios (cf. nn. 218s).

63. Entre a salmodia e as leituras diz-se o versículo que faz passar a oração da salmodia para a escuta das leituras.

64. Haverá duas leituras: a primeira é bíblica e a segunda é tomada das obras dos Padres ou de Escritores eclesiásticos, ou, ainda, hagiográfica.

65. Após cada uma das leituras diz-se um responsório (cf. nn. 169-172).

66. Normalmente se tomará a leitura bíblica proposta no Próprio do Tempo, segundo as normas indicadas nos nn. 140-155. Contudo, nas solenidades e festas, a leitura é tirada do Próprio ou do Comum.

67. A segunda leitura com seu responsório é tirada seja do livro da Liturgia das Horas, seja do Lecionário facultativo, de que se fala no n. 161. Normalmente será a leitura proposta no Próprio do Tempo.

Contudo, nas solenidades e festas dos santos, a segunda leitura é própria. Em sua falta, a segunda leitura será tomada do respectivo Comum dos Santos. Nas memórias dos santos, cuja celebração não for impedida, será tomada a leitura hagiográfica, em lugar da segunda leitura correspondente (cf. nn. 166 e 235).

68. Nos domingos de fora da Quaresma, nos dias de oitava da Páscoa e do Natal, nas solenidades e festas, após a segunda leitura com seu responsório se diz o hino *Te Deum,* que não será recitado nas memórias e nos dias de semana. A última parte desse hino, ou seja, a partir do versículo *Salvai o vosso povo* até o final, pode ser omitida.

69. O Ofício das Leituras termina com a oração própria do dia e, ao menos na recitação comum, com a aclamação: *Bendigamos ao Senhor. Graças a Deus.*

IV. Vigílias

70. A Vigília Pascal é celebrada em toda a Igreja, tal como vem explicada nos respectivos livros litúrgicos. Afirma Santo Agostinho: "A vigília desta noite é tão importante que reivindica para si essa denominação, comum a todas as outras".[12] "Passamos em vigília aquela noite em que o Senhor ressuscitou e iniciou para nós, em sua carne, aquela vida que não conhece nem morte nem sono [...]. Por isso, aquele, cuja ressurreição iminente cantamos em nossa vigília, nos concederá que reinemos, vivendo com ele eternamente".[13]

71. De modo semelhante à vigília pascal, foi costume das diversas Igrejas começar várias solenidades com uma vigília. Entre elas se destacam a vigília do Natal do Senhor e do Pentecostes. Essa prática deverá ser mantida e incentivada, segundo os costumes próprios de cada Igreja. E se por acaso em algum lugar for conveniente realçar, com uma vigília, outras solenidades ou peregrinações, observem-se as normas gerais que se dão para as celebrações da Palavra de Deus.

72. Os Padres e autores espirituais muitas vezes exortam os fiéis, sobretudo os que levam vida contemplativa, à oração noturna, mediante a qual se expressa e se estimula a espera do Senhor que vai voltar: "No meio da noite ouviu-se um grito: O noivo está chegando. Ide ao seu encontro!" (Mc 13,35-36) "Vigiai, porque não sabeis quando o dono da casa vem; à tarde, à meia noite, de madrugada, ao amanhecer. Para que não

[12] *Sermo Guelferbytanus* 5: PLS 2, 550.
[13] Ibid., PLS 2,552.

70-73: *as vigílias.* Seu sentido (72), os exemplos principais (a Vigília Pascal, a de Natal e Pentecostes), e a vigília do domingo, ampliando o Ofício das Leituras, inclusive com a leitura do Evangelho, a única vez que se lê na LH.

II – A santificação do dia ou as diversas Horas do Ofício Divino **63**

suceda que, vindo de repente, ele vos encontre dormindo" (Mc 13,35-36). São, portanto, dignos de louvor aqueles que mantêm o caráter noturno do Ofício das Leituras.

73. Além disso, no Rito Romano, tendo especialmente em conta os que se dedicam ao trabalho apostólico, o Ofício das Leituras foi organizado de tal modo que seja sempre breve. E, segundo a tradição, aqueles que desejarem que a celebração das vigílias do domingo, solenidades e festas sejam prolongadas procederão da seguinte maneira.

Primeiramente, celebra-se o Ofício das Leituras, tal como se encontra no livro da Liturgia das Horas, até as leituras, inclusive. Depois destas e antes do *Te Deum*, acrescentam-se os cânticos para isso indicados no Apêndice do referido livro. Em seguida, lê-se o Evangelho, sobre o qual, parecendo oportuno, se faz a homilia. Depois, canta-se o hino *Te Deum* e se diz a oração.

Nas solenidades e festas, toma-se o Evangelho do Lecionário da Missa. Nos domingos, toma-se da série do mistério pascal, de que se fala no Apêndice do livro da Liturgia das Horas.

V. Oração das Nove, das Doze e das Quinze horas: Hora Média

74. Segundo antiquíssima tradição, os cristãos costumavam, por devoção pessoal, orar em diversos momentos do dia e no meio do trabalho, imitando a Igreja apostólica. No decurso dos tempos, essa tradição, de diversas maneiras, foi sendo dotada de celebrações litúrgicas.

74-83: *a Hora Média*: apresenta-se seu sentido no transcorrer do dia (74-75), com uma tríplice referência: o ritmo do tempo em nossa jornada, os acontecimentos da paixão de Cristo, e também outros da primeira comunidade apostólica, tal como já foram descritos no n. 1.

64 Instrução Geral sobre a Liturgia das Horas

75. O costume litúrgico, tanto no Oriente como no Ocidente, adotou a Oração das Nove (Terça), das Doze (Sexta) e das Quinze Horas (Noa), sobretudo porque essas horas se relacionavam com alguns acontecimentos da Paixão do Senhor e da pregação inicial do Evangelho.

76. O Concílio do Vaticano II estabeleceu que se conservasse a recitação em coro dessas Horas Menores, ou seja, da Oração das Nove, das Doze e das Quinze horas.[14] Seja mantido o costume litúrgico de dizer essas três horas, salvo o direito particular, para os que professam vida contemplativa. É também recomendada a todos, especialmente àqueles que fazem retiro espiritual ou participam de reuniões pastorais.

77. Todavia, fora do coro, salvo direito particular, é permitido escolher, entre as três horas, a que mais corresponde ao tempo do dia, para que se conserve a tradição de orar durante o dia, em meio aos trabalhos.

78. O rito da celebração da Oração das Nove, das Doze e das Quinze Horas é estruturado, levando-se em conta tanto

---

[14] Cf. SC, n. 89c.

Há uma distinção entre a oração coral, que mantém as três horas (das Nove, das Doze e das Quinze), e a oração no coral, que pode escolher apenas uma. A estruturação no livro da LH está de tal modo que possa servir tanto para os que oram apenas uma hora menor, quanto para os que fazem as três, com a salmodia complementar (78). No n. 29 se dizia aos ministros ordenados que também esta Hora Média será rezada "com todo o seu interesse", "para melhor santificar o dia todo".

Continua a estrutura desta Hora Média (79-83). É bom lembrar a instrução da "veritas temporis" do n. 11: aqui, para escolher a hora segundo o momento do dia em que se ora: pela manhã, das Nove; por volta do meio dia, das Doze; nas primeiras horas da tarde, das Quinze.

II – A santificação do dia ou as diversas Horas do Ofício Divino   65

aqueles que dizem uma única horas, a "Hora Média", como também aqueles que devem ou querem recitar as três horas.

79. A Oração das Nove, das Doze e das Quinze Horas, ou a Hora Média, começam com o versículo introdutório: *Vinde, ó Deus, em meu auxílio*, com *Glória, Como era* e *Aleluia* (Este se omite no Tempo da Quaresma). Depois se diz o hino correspondente a cada hora.

Em continuação, seguem-se a salmodia, a leitura breve e, depois desta, o versículo. Conclui-se a hora com a oração e, ao menos na recitação em comum, com a aclamação: *Bendigamos ao Senhor. Graças a Deus.*

80. Vários hinos e orações são propostos para cada hora: segundo a tradição, devem corresponder à realidade do tempo e servir melhor para a santificação dos momentos do dia. Portanto, quem recita apenas uma das horas deve tomar os elementos que correspondem a essa mesma hora.

Por outro lado, também a leitura breve e as orações variam de acordo com o dia, o tempo e a festa.

81. Propõem-se duas salmodias: uma corrente e outra complementar. Quem recita apenas uma hora tomará a salmodia corrente. Quem recita várias horas, numa delas tomará a corrente e nas outras, a complementar.

82. A salmodia corrente consta de três salmos do saltério (ou três partes de salmos, caso se trate de salmos mais longos), que se tomam com suas antífonas, quando não se indica outra coisa no devido lugar.

Nas solenidades, no Tríduo Pascal e nos dias de oitava da Páscoa, recitam-se as antífonas próprias com três salmos tomados da salmodia complementar, a não ser que se tenham previsto salmos especiais, ou que a celebração da solenidade caia em domingo. Neste caso, tomam-se os salmos do domingo da primeira semana.

83. A salmodia complementar consta de três salmos, escolhidos em geral dentre os denominados salmos graduais.

66 Instrução Geral sobre a Liturgia das Horas

VI. Completas

84. As Completas são a última oração do dia, e se rezam antes do descanso noturno, mesmo passada a meia-noite, se for o caso.

85. As Completas começam, como as demais horas, com o versículo *Vinde ó Deus, em meu auxílio, Glória, Como era* e *Aleluia* (Este se omite no tempo da Quaresma).

86. Em seguida é louvável a prática do exame de consciência, que na celebração comunitária se faz em silêncio ou se insere no ato penitencial, de acordo com as fórmulas do Missal Romano.

87. A seguir se diz o hino correspondente.

88. No domingo, depois das I Vésperas, a salmodia consta dos Salmos 4 e 133(134), e após as Vésperas consta do Salmo 90(91).

Para os outros dias, escolheram-se salmos que de preferência movam à confiança no Senhor. Deixa-se, contudo, a liberdade para substituí-los pelos salmos do domingo, o que traz maior comodidade, sobretudo para quem talvez queira rezar de cor as Completas.

89. Depois dessa salmodia, vem a leitura breve, seguindo-se o responsório *Senhor, em vossas mãos.* Logo após, recita-se com sua antífona o cântico evangélico, *Deixai, agora,* qual ápice da hora inteira.

90. Reza-se a oração conclusiva, como se encontra no Saltério.

91. Depois da oração se diz, mesmo em particular, a bênção: *O Senhor todo-poderoso nos conceda...*

84-92: a hora das *Completas* segue a mesma ordem. Seu sentido é dito no final da jornada (84, a completar com 29), e depois sua estrutura, com a particularidade de um exame de consciência (86) e um tom particular na salmodia escolhida (88). Aqui, o cântico evangélico é o *Nunc dimittis* de Simeão. Para referências paralelas, cf. índice: *Completas.*

II – A santificação do dia ou as diversas Horas do Ofício Divino 67

92. Em seguida, reza-se uma das antífonas da Virgem Maria. No Tempo Pascal, é sempre a antífona: *Rainha do céu.* Além das antífonas que se encontram no livro da Liturgia das Horas, as Conferências Episcopais podem aprovar outras.[15]

VII. Modo de unir, se oportuno, as horas do ofício com a missa ou entre si

93. Em casos particulares, quando as circunstâncias o permitirem, pode-se fazer, na celebração pública ou comunitária, união mais estreita entre a missa e uma hora do ofício, segundo as normas que seguem, devendo, porém, missa e hora serem ambas do mesmo ofício. Evite-se, porém, que isso redunde em prejuízo do bem pastoral, sobretudo aos domingos.

94. Quando as Laudes, celebradas em coro ou em comum, precedem imediatamente a missa, a ação litúrgica poderá começar com o versículo introdutório e o hino das Laudes especialmente nos dias da semana, ou começar pelo canto e procissão de entrada e saudação do celebrante, sobretudo nos dias festivos, omitindo-se o rito inicial em ambos os casos.

Segue-se a salmodia das Laudes, como de costume, até a leitura breve exclusive. Após a salmodia, omite-se o ato

---

[15] Cf. SC, n. 38.

93-99: se se quiser *unir em uma celebração uma hora canônica e a Eucaristia*, aqui se destacam todos os casos, evitando repetições, mas mantendo valores específicos. Por motivos evidentes não se pode normalmente unir o Ofício das Leituras à Eucaristia (98).

Aqui não se oferecem critérios para discernir quando se dão as circunstâncias que parecem aconselhar esta união. Pode acontecer muito bem em comunidades religiosas ou em convocatórias do povo.

68 — Instrução Geral sobre a Liturgia das Horas

penitencial e, se parecer oportuno, o *Senhor, tende piedade*. Recita-se depois o *Glória*, segundo as rubricas, e o celebrante diz a oração da missa. Segue-se a Liturgia da Palavra como de costume. A oração dos fiéis se faz no lugar e segundo a fórmula costumeira da missa. Contudo, nos dias de semana, em lugar do formulário cotidiano da oração dos fiéis, podem-se recitar, na missa matutina, as preces das Laudes.

Após a comunhão com seu canto próprio, canta-se o *Benedictus* com sua antífona das Laudes. Em seguida, se diz a oração depois da comunhão e o restante como de costume.

95. Segundo o exija a realidade do tempo, quando a Hora Média, ou seja, Oração das Nove, das Doze ou das Quinze Horas, publicamente celebrada, preceder imediatamente à celebração da missa, a ação litúrgica poderá igualmente começar com o versículo introdutório e o hino da hora, sobretudo nos dias de semana. Pode também começar pelo canto e procissão de entrada e saudação do celebrante, sobretudo nos dias festivos, omitindo-se, em ambos os casos, o rito inicial.

Segue-se a salmodia da hora, como de costume, até a leitura breve exclusive. Omite-se o ato penitencial e, se parecer oportuno, também o *Senhor, tende piedade,* depois se diz o *Glória,* segundo as rubricas, e o celebrante reza a oração da Missa.

96. Quando a missa é precedida imediatamente das Vésperas, estas ligam-se à missa da mesma forma que as Laudes. Contudo, as Vésperas de solenidades, domingos ou festas do Senhor, que ocorram em dia de domingo, não podem ser celebradas senão depois da missa do dia anterior ou do sábado.

97. Quando a Hora Média, isto é, a Oração das Nove, das Doze e das Quinze Horas ou as Vésperas, vem depois da missa, celebra-se a missa como de costume até a oração depois da comunhão inclusive.

Recitada a oração depois da comunhão, tem início imediatamente a salmodia da hora. Na Hora Média, finda a salmodia

II – A santificação do dia ou as diversas Horas do Ofício Divino **69**

e omitida a leitura breve, rezam-se logo a oração e a fórmula de despedida, como na missa. Para as Vésperas, concluída a salmodia e omitida a leitura breve, acrescenta-se imediatamente o cântico *Magnificat* com sua antífona; depois, omitidas as preces e o Pai-Nosso, se diz a oração conclusiva e se dá a bênção ao povo.

98. Exceto na noite de Natal, por via de regra, exclui-se a união da missa com o Ofício das Leituras, uma vez que a própria missa já possui uma série de leituras que deve ser distinta da série do ofício. Contudo, se nalgum caso concreto convém fazer assim, então, imediatamente após a segunda leitura do ofício com o seu responsório, omitido o restante, a missa começa com o hino do *Glória,* se for prescrito; do contrário, inicia-se a oração da missa.

99. Se o Ofício das Leituras é recitado imediatamente antes de outra hora do ofício, então o hino correspondente a essa hora pode ser colocado antes de iniciar o Ofício das Leituras. Em seguida, no final do Ofício das Leituras, omitem-se a oração e a conclusão, e na hora seguinte se omitem o versículo introdutório e o *Glória ao Pai.*

CAPÍTULO III
OS DIVERSOS ELEMENTOS DA LITURGIA DAS HORAS

I. Os salmos e sua função na oração cristã

100. Na Liturgia das Horas, a Igreja, para rezar, serve-se em grande parte daqueles esplêndidos poemas que os autores sagrados do Antigo Testamento compuseram sob inspiração do Espírito Santo. Em razão desta sua origem, os salmos têm a virtude de elevar até Deus a mente das pessoas, despertar nelas piedosos e santos afetos, ajudá-las maravilhosamente a

---

O capítulo III descreve e fundamenta os diversos elementos que compõem a estrutura da LH.

O aspecto mais destacado é o da salmodia, o mais característico da LH (100-135); depois se falará dos cânticos bíblicos (136-139), das leituras bíblicas (140-158) e eclesiásticas (159-168), os responsórios, os hinos, as preces etc., acabando com alguns números dedicados ao silêncio na LH (201-203).

100-109: bonitos os números dedicados aos *salmos* em nossa oração cristã (para uma visão global, cf. índice: *Salmos*).

72   *Instrução Geral sobre a Liturgia das Horas*

agradecer na prosperidade e dar-lhes, na adversidade, consolo e fortaleza de ânimo.

101. Contudo, os salmos não encerram mais que uma sombra daquela plenitude dos tempos que se revelou em Cristo, Nosso Senhor, e da qual se alimenta a oração da Igreja. Por isso, embora todos os fiéis estejam de acordo em terem elevada estima aos salmos, não é de se estranhar que surja por vezes alguma dificuldade quando alguém na oração procura fazer seus aqueles poemas venerandos.

102. O Espírito Santo, sob cuja inspiração os salmistas cantaram, assiste sempre com sua graça aqueles que de boa vontade, salmodiando com fé, proferem esses poemas. Mas, por outro lado, é necessário que "adquiram formação bíblica, a mais rica possível, sobretudo quanto aos salmos",[1] cada qual

---

[1]   SC, n. 90.

Os valores dos salmos, como inspirados pelo Espírito, como poemas, como fontes de sentimentos de fé, vão sendo descritos nos nn. 100-106. Reconhece-se que podem surgir dificuldades: são poemas do AT, sombra ainda do que depois será a revelação plena em Cristo; alguns salmos históricos podem parecer muito concretos, outros refletem uma concepção muito antropomórfica de Deus, e outros parecem nos transmitir sentimentos muito duros (101.105.131).

É interessante a dupla resposta ou remédio que o n. 101 oferece para estas dificuldades: por um lado, o mesmo Espírito que inspirou os poetas salmistas é o que também ajuda os que os rezam (ideia que o n. 104 repete), e, por outro, é conveniente que nos esforcemos em conseguir uma maior formação bíblica a respeito dos salmos.

Os nn. 107-109 oferecem uma chave muito importante para a oração cristã e de bom grado dos salmos: seu sentido cristológico, rezá-los de Cristo, a partir de Cristo, com Cristo. E ao mesmo tempo, em união com a Igreja e em nome dela (repetido pelo n. 140).

III – Os diversos elementos da Liturgia das Horas

segundo suas possibilidades, e assim compreendam de que modo e com que método poderá orar corretamente quem se serve dos salmos.

103. Não são leituras nem orações compostas em prosa; os salmos são poemas de louvor. Por conseguinte, embora às vezes tenham sido proclamados em forma de leitura, contudo, atendendo ao seu gênero literário, chamam-se com razão, em hebraico, *tehillim*, ou seja, "cânticos de louvor", e em grego *psalmoi*, isto é "cânticos para entoar ao som do saltério". De fato, todos os salmos têm caráter musical que determina a maneira conveniente de dizê-los. Por isso, mesmo quando o salmo é recitado sem canto, ou individualmente e em silêncio, a pessoa se deixa levar por seu caráter musical. Ainda que oferecendo um texto à nossa mente, tendem mais a mover os corações de quem salmodia e escuta, e mesmo dos que os acompanham ao som do "saltério e da cítara".

104. Portanto, quem salmodia sabiamente irá percorrendo versículo por versículo, meditando um após o outro, sempre disposto em seu coração a responder como exige o Espírito que inspirou o salmista e assistirá igualmente as pessoas devotas, dispostas a receber a sua graça. Por isso, ainda que exigindo a reverência devida à majestade de Deus, a salmodia deve desenvolver-se com júbilo espiritual e com a doçura de caridade, tal como corresponde à poesia sagrada e ao canto divino, e, mais ainda, à liberdade dos filhos de Deus.

105. Com as palavras do salmo poderemos muitas vezes orar com mais facilidade e fervor, seja dando graças e louvando a Deus com alegria, seja suplicando-o desde as profundezas de nossas angústias. Mas pode também, por vezes, surgir alguma dificuldade sobretudo quando o salmo não se dirige diretamente a Deus. O salmista é poeta e com frequência se dirige ao povo, relembrando a história de Israel. Às vezes, interpela outros seres, até mesmo criaturas irracionais. Faz inclusive o próprio Deus falar, e até os seres humanos, ou ainda, como no Salmo 2, até mesmo os inimigos. Por isso, torna-se evidente que o salmo não é uma oração do mesmo estilo das preces ou

74 Instrução Geral sobre a Liturgia das Horas

uma oração, que são compostas pela Igreja. Além disso, com sua índole poética e musical, enquadra-se no fato de que não fala necessariamente a Deus, mas canta simplesmente diante de Deus, como lembra São Bento: "Consideremos de que modo convém estar na presença de Deus e de seus anjos, e, ao salmodiarmos, que nos mantenham em tal atitude que nossa mente concorde com nossa voz".[2]

106. Quem salmodia abre o coração aos sentimentos que brotam dos salmos, de acordo com o gênero literário de cada um, gênero de lamentação, confiança e ação de graças, ou gêneros outros que os exegetas com razão realçam.

107. Procurando permanecer fiel ao sentido literal, quem salmodia se fixa na importância que o texto contém para a vida humana dos que creem.

Com efeito, é sabido que cada salmo foi composto em circunstâncias determinadas, que os títulos colocados no início procuram insinuar, segundo o saltério hebraico. Todavia, qualquer que seja sua origem histórica, cada salmo tem um sentido próprio que nem mesmo em nossa época podemos negligenciar. Embora esses poemas tenham sido compostos, há muitos séculos, por orientais, expressam muito bem as dores e esperanças, a miséria e a confiança dos seres humanos de qualquer época ou nação, sobretudo a fé em Deus, e cantam a revelação e a redenção.

108. Na Liturgia das Horas, quem salmodia não o faz tanto em seu próprio nome, como em nome do Corpo de Cristo, e ainda na pessoa mesma do próprio Cristo. Aquele que tem isso bem presente resolve as dificuldades que possam surgir, ao perceber que os sentimentos de seu coração, enquanto salmodia, discordam dos afetos que o salmo expressa. Por exemplo, estando triste e cheio de amargura, canta um salmo em júbilo, ou, estando feliz, canta um salmo de lamentação. Na oração meramente particular, isto facilmente se evita, porque nela há liberdade para escolher um salmo adequado ao próprio

---

[2] *Regula monasteriorum*, c. 19.

III – Os diversos elementos da Liturgia das Horas 75

estado de alma. Contudo, no Ofício Divino, os salmos em sua sequência oficial não se cantam em particular, mas em nome da Igreja, mesmo quando alguém recita sozinho alguma das horas. Quem salmodia em nome da Igreja poderá sempre encontrar motivos de alegria ou tristeza, porque também a isto se aplica a passagem do Apóstolo: "Alegrar-se com os que se alegram e chorar com os que choram" (Rm 12,15).

Assim, a fraqueza humana, ferida pelo amor de si própria, é curada na medida do amor com que a mente acompanha a voz de quem salmodia.[3]

109. Quem salmodia em nome da Igreja deve prestar atenção ao sentido pleno dos salmos, especialmente ao sentido messiânico, em virtude do qual a Igreja adotou o saltério. Este sentido messiânico tornou-se plenamente manifesto no Novo Testamento e foi enfatizado pelo próprio Cristo Senhor, que disse aos Apóstolos: "Era preciso que se cumprisse tudo o que está escrito sobre mim na Lei de Moisés, nos Profetas e nos Salmos" (Lc 24,44). O exemplo mais conhecido dessa interpretação messiânica é o diálogo no Evangelho de São Mateus sobre o Messias, que é filho de Davi e ao mesmo tempo Senhor de Davi:[4] nesse diálogo, o Salmo 109(110) se aplica ao Messias.

Seguindo esse método, os Santos Padres entenderam e comentaram todo o saltério como profecia a respeito de Cristo e da Igreja. Com esse mesmo critério, escolheram os salmos na Sagrada Liturgia. Embora, por vezes, se tenham admitido algumas interpretações algo forçadas, tanto os Padres em geral como a liturgia, com pleno direito, ouviram nos salmos Cristo clamando ao Pai, ou o Pai falando com o Filho, ou, inclusive, descobriram a voz da Igreja, dos Apóstolos ou dos mártires. Esse método de interpretação floresceu também durante toda a Idade Média: em muitos códices medievais do saltério, sugeria-se aos que salmodiavam algum sentido cristológico,

---

[3] Cf. S. Bento, ibid.
[4] Mt 22,44s.

76 *Instrução Geral sobre a Liturgia das Horas*

por meio de um título anteposto a cada salmo. A interpretação cristológica não se limitou, de modo algum, aos salmos tidos como messiânicos, mas se estendeu a muitos outros casos em que, sem dúvida, são meras apropriações, embora aceitas pela tradição da Igreja.

Particularmente na salmodia dos dias festivos, escolheram-se os salmos por alguma razão cristológica, e para sugeri-la se antepõem geralmente antífonas tiradas dos próprios salmos.

II. Antífonas e outros elementos que ajudam a oração dos salmos

110. Três elementos, na tradição latina, muito contribuíram para a compreensão dos salmos ou para fazer deles oração cristã: os títulos, as orações sálmicas e, principalmente, as antífonas.

110-120: fala-se aqui de várias *ajudas para a oração dos salmos.*

Antes de tudo, os *títulos*, que em nossos livros de oração estão em vermelho antes do salmo, e que retratam brevemente o sentido próprio, original de cada salmo, como já dizia o n. 107. Destacam seu sentido histórico de ação de graças, lamentação, petição, peregrinação...

Depois estão as *frases*, que são como títulos em linguagem cristã, frases do NT ou dos Padres que nos ajudam a entender o salmo a partir da perspectiva de Cristo ou da vida cristã. Destas frases ou títulos cristãos, já falava o n. 109. Mais adiante dirá (114) que durante uma temporada, dentro do Tempo Comum, estas frases poderiam substituir as antífonas: cumprem a mesma finalidade de dar ao salmo um determinado matiz, já claramente cristão.

As *orações sálmicas* também são um elemento de tradição muito antiga para ajudar a que a comunidade cristã reze os salmos a partir de seu sentido cristológico e eclesial. Por exemplo, na liturgia hispânica

III – Os diversos elementos da Liturgia das Horas 77

111. No saltério da Liturgia das Horas, cada salmo é precedido de um título que indica sentido e sua importância para a vida humana de quem crê. Esses títulos, inseridos no livro da Liturgia das Horas, são propostos unicamente para utilidade dos que salmodiam. Contudo, para fomentar a oração à luz da nova revelação, acrescenta-se uma expressão do Novo Testamento ou dos Padres, que serve como um convite à reza em sentido cristológico.

112. No suplemento do livro da Liturgia das Horas, para cada salmo se propõem orações sálmicas, a fim de ajudar quem os recita a interpretá-los sobretudo em sentido cristão. Podem ser usadas livremente, conforme antiga tradição: concluído o salmo e após certa pausa de silêncio, a oração resuma e conclua os sentimentos dos participantes.

---

antiga, o *Liber Psalmographus* recolhia centenas destas orações, compostas por grandes bispos, e que resumem a ressonância cristã que em nós produzem os salmos do AT. Quando o n. 202 fala do silêncio na LH, cita esta oração sálmica que pode seguir ao salmo. Tem também certo parentesco com o "Glória ao Pai" com o qual normalmente terminamos o salmo (cf. n. 123).

O documento dedica mais espaço a outro dos meios pedagógicos mais tradicionais para a salmodia: as *antífonas* (113-120).

Em primeiro lugar (113) se especificam algumas das vantagens que visam iluminar o salmo em um dia determinado e ajudar sua oração mais consciente e cristã. Como dizia o último parágrafo do n. 109, elas nos ajudam a dar ao salmo um sentido cristológico. Nas diversas festas, as antífonas constituem como que um resumo popular da teologia do mistério celebrado.

Depois se fala de diversas possibilidades: antífonas próprias ou não, ou intercaláveis, ou substituíveis pelas "frases", as antífonas especiais dos cânticos evangélicos etc. Mais adiante (123) dirá se é obrigado ou não repeti-las ao final do salmo, e aconselhará que, se for possível, sejam cantadas (277).

78   *Instrução Geral sobre a Liturgia das Horas*

113. Ainda quando se celebra sem canto a Liturgia das Horas, cada salmo tem sua antífona, que deve ser dita também por aqueles que rezam a sós. Com efeito, as antífonas ajudam a ilustrar o gênero literário do salmo; fazem do salmo uma oração pessoal; acentuam algum pensamento especialmente digno de atenção e que poderia passar despercebido; conferem matiz particular a determinado salmo em certas circunstâncias; e ainda são de grande ajuda para a interpretação tipológica ou festiva, contanto que se excluam acomodações arbitrárias; podem tornar mais agradável e variada a recitação dos salmos.

114. No Saltério, as antífonas foram estruturadas de tal modo que possam ser traduzidas para o vernáculo, ou inclusive ser repetidas depois de cada estrofe, conforme diz o n. 125. Contudo, no ofício do Tempo Comum, sem canto, em lugar dessas antífonas podem ser usadas, se oportuno, as frases que se antepõem a cada salmo (cf. n. 111).

115. Quando um salmo, por sua extensão, é dividido em várias partes dentro da mesma hora, cada parte terá sua antífona própria, para maior variedade, sobretudo na celebração com canto, e também para serem mais apreciadas as riquezas do salmo. Todavia, pode-se rezar o salmo sem interrupção, apenas com a primeira antífona.

116. Para cada salmo da oração das Laudes e das Vésperas, existem antífonas próprias no Tríduo Pascal, nos dias da oitava da Páscoa e do Natal, nos domingos no Tempo do Advento, do Natal, da Quaresma e da Páscoa, como também nos dias da Semana Santa, do Tempo Pascal e nos dias 17 a 24 de dezembro.

117. Para o Ofício das Leituras, Laudes, Oração das Nove, das Doze e das Quinze Horas e Vésperas propõem-se antífonas próprias nas solenidades; caso não haja próprias, são tomadas do comum. Nas festas se faz exatamente a mesma coisa no Ofício das Leituras, nas Laudes e nas Vésperas.

118. Nas memórias dos santos, quando há antífonas próprias, devem ser conservadas (cf. 235).

III – Os diversos elementos da Liturgia das Horas   **79**

119. As antífonas do *Benedictus* e do *Magnificat*, no ofício do tempo, são tomadas do Próprio do Tempo, se as houver, ou do saltério corrente noutros casos. Nas solenidades e festas, tornam-se do Próprio, se houver; caso contrário, do Comum. Nas memórias que não possuem antífonas próprias é facultativo dizer a antífona do Comum ou do dia da semana corrente.

120. No Tempo Pascal acrescenta-se *Aleluia* a todas as antífonas, exceto quando não se enquadra com o sentido da antífona.

III. Modo de salmodiar

121. São propostas várias maneiras de recitar os salmos, segundo o requeira o gênero literário ou a extensão de cada salmo, e também conforme se recite o salmo em latim ou em vernáculo, mas sobretudo se a recitação for individual ou em grupos, ou ainda com a assembleia do povo, a fim de que todos os que salmodiam percebam mais facilmente o sabor espiritual e literário dos salmos. A escolha feita destes não foi feita com critérios quantitativos, mas atendendo à variedade e índole própria de cada salmo.

122. Os salmos se cantam ou se recitam: (a) de maneira seguida (*in directum*); (b) alternando os versículos ou estrofes em dois coros ou partes da assembleia; (c) de modo responsorial, segundo os diversos modos que a tradição ou a experiência recomendam.

123. No princípio de cada salmo, deve-se dizer sempre sua antífona, como se observa nos nn. 113-120. No final do

---

121-125: também influi em uma boa salmodia o *modo de recitar os salmos*, segundo seu gênero e outras circunstâncias. O que aqui expressa bem o n. 121 será repetido no n. 279 ao falar do canto.

No n. **123** deixa facultativa a repetição da antífona no final do salmo, devido a seu caráter introdutório, a modo de monição, para enfocar a oração do salmo. Quando a antífona é cantada, é melhor repeti-la tam-

80   Instrução Geral sobre a Liturgia das Horas

salmo inteiro, conserva-se o costume de concluir com o *Glória* e *Como era*. O *Glória* é uma conclusão adequada que a tradição sancionou e que confere à oração do Antigo Testamento um sentido de louvor, cristológico e trinitário. No final de cada salmo, sendo oportuno, repete-se a antífona.

124. Quando se usam salmos mais longos, as divisões vêm assinaladas no Saltério, de tal forma que a salmodia conserve a estrutura ternária da hora, tendo em conta, porém, o sentido objetivo do salmo em questão.

Convém observar essa divisão, sobretudo na celebração coral em latim, acrescentando o *Glória* no final de cada parte.

Contudo, será permitido conservar esse modo tradicional, ou fazer intervalo entre as diversas partes do mesmo salmo, ou ainda recitar o salmo inteiro com sua antífona.

125. Além disso, quando o gênero literário do salmo assim o aconselhar, serão indicadas divisões em estrofes, para que se possa intercalar a antífona depois de cada estrofe, sobretudo se os salmos são cantados em vernáculo; então será suficiente dizer o *Glória* no final de todo o salmo.

IV. Critério seguido na distribuição dos salmos no ofício

126. Os salmos estão distribuídos por um ciclo de quatro semanas, conforme os seguintes critérios: uns poucos são

---

bém no final; mas quando for apenas recitada, não tem tanto sentido como no início do salmo.

O caso dos salmos divididos em duas ou três partes é tratado no n. 124, mas já o foi também no n. 115. Da mesma forma que a possibilidade de intercalar a antífona entre as diversas estrofes (125 e 114).

126-135: a *seleção dos salmos* ao longo do ofício e do ano litúrgico se explica detidamente. A opção pelas quatro semanas foi decisiva.

III – Os diversos elementos da Liturgia das Horas   81

omitidos, outros que a tradição assinala como insignes repetem-se com mais frequência. Para as Laudes, as Vésperas e as Completas, usam-se os salmos mais adequados.[5]

127. Para as Laudes e as Vésperas, por serem as horas mais frequentadas pelos fiéis, selecionaram-se salmos que se prestam melhor para a celebração com o povo.

128. Nas Completas, observou-se a norma indicada pelo n. 88.

129. No domingo, mesmo para o Ofício das Leituras e para a Hora Média, escolheram-se salmos que, segundo a tradição, melhor expressam o mistério pascal. Para a sexta-feira escolheram-se alguns salmos penitenciais ou relacionados com a Paixão.

130. Foram reservados para os Tempos do Advento, Natal, Quaresma e Páscoa três salmos, a saber: 77(78), 104(105) e **105(106)**, que mais claramente apresentam a História da Salvação no Antigo Testamento como prelúdio da salvação plena que se realiza no Novo.

131. Omitiram-se no Saltério corrente três salmos, 57(58), 82(83) e 108(109), nos quais predomina o caráter imprecatório. Foram omitidos também alguns versículos de vários salmos, como se indica no início de cada um deles. A omissão desses textos foi motivada por certa dificuldade psicológica, embora tais salmos imprecatórios ocorram na piedade do Novo Testamento, por exemplo, em Ap 6,10; eles não pretendem induzir de maneira alguma à maldição.

[5] Cf. SC, n. 91.

Explicam-se os salmos que se repetem (como o 109 nas Vésperas dominicais ou o 50 nas Laudes da sexta-feira), os que foram escolhidos para o domingo ou a sexta-feira (129), os que se reservam para os tempos determinados do ano, os que pelo seu caráter duro foram suprimidos (131: decisão controvertida) etc.

82   *Instrução Geral sobre a Liturgia das Horas*

132. Os salmos demasiadamente longos para poderem ser contidos numa única hora do ofício são distribuídos em vários dias na mesma hora, para que possa recitá-los integralmente quem não costuma rezar as outras horas. Assim, o Salmo 118(119), segundo sua própria divisão, é distribuído em vinte e dois dias, na Hora Média, por ser um salmo tradicionalmente atribuído às horas diurnas.

133. O ciclo de quatro semanas do Saltério se coordena como o ano litúrgico da seguinte forma: No 1º Domingo do Advento, na 1ª semana do Tempo Comum, no 1º Domingo da Quaresma e no 1º Domingo de Páscoa, o ciclo recomeça com a primeira semana, omitindo-se as demais, se for o caso.

Depois de Pentecostes, no Tempo Comum, quando o ciclo do Saltério segue a série das semanas, o mesmo ciclo deve ser retomado na semana do Saltério indicada no início de sua respectiva semana do Tempo Comum, no Próprio do Tempo.

134. No Tríduo Pascal, nos dias da oitava da Páscoa e do Natal, nas solenidades e festas, são indicados salmos próprios para o Ofício das Leituras; são escolhidos entre aqueles que a tradição destaca, e cuja propriedade é geralmente realçada pela antífona. O mesmo se faz para a Hora Média em certas solenidades do Senhor e na oitava da Páscoa. Nas Laudes tomam-se os salmos e o cântico do I Domingo do Saltério. Nas I Vésperas das solenidades, os salmos são da série *Laudate*, segundo antigo costume. Nas II Vésperas das solenidades, e nas Vésperas das festas, os salmos e o cântico são próprios. Na Hora Média das solenidades, exceto aquelas acima citadas e contanto que não ocorra em domingo, os salmos são toma-dos dentre os graduais. Na Hora Média das festas, dizem-se os salmos do dia de semana.

135. Nos outros casos, dizem-se os salmos do Saltério cor-rente, exceto quando há antífonas ou salmos próprios.

III – Os diversos elementos da Liturgia das Horas 83

V. Cânticos do Antigo e Novo Testamento

136. Nas Laudes, entre o primeiro salmo e o último, intercala-se como de costume um cântico do Antigo Testamento. Além da série aceita na antiga tradição romana e da outra que São Pio X introduziu no Breviário, acrescentaram-se ao Saltério vários cânticos tirados de alguns livros do Antigo Testamento; assim, cada dia da semana tem seu cântico próprio nas quatro semanas. Nos domingos alternam-se duas partes em que se divide o cântico dos três jovens.

137. Nas Vésperas, após os dois salmos, intercala-se como de costume um cântico do Novo Testamento, tirado das Cartas ou do Apocalipse. São indicados sete cânticos, um para cada dia da semana. Nos domingos da Quaresma, porém, em lugar do cântico aleluiático do Apocalipse, reza-se o cântico da Primeira Carta de Pedro. Além disso, na solenidade da Epifania e na festa da Transfiguração do Senhor, diz-se o cântico da Primeira Carta a Timóteo, como vem indicado no respectivo lugar.

138. Os cânticos evangélicos *Benedictus, Magnificat* e *Nunc Dimittis* serão acompanhados com a mesma solenidade e dignidade com que se costuma ouvir o Evangelho.

139. Tanto a salmodia como as leituras se ordenam segundo aquela sólida tradição, em que, primeiro, vem o

---

136-139: os *cânticos bíblicos* aparecem várias vezes em nossa LH. O nome de "cânticos" se reserva para aquelas composições bíblicas que não sejam salmos, enquanto "hinos" ou "cantos" serão as composições eclesiais, não bíblicas. No entanto, às vezes o gênero dos três (salmos, cânticos e hinos) coincide. Nas Laudes aparecem cânticos do AT. Nas Vésperas é novidade desta reforma que tenham sido recuperados cânticos do NT. Mas, além disso, há cânticos evangélicos, o *Benedictus*, o *Magnificat* e o *Nunc Dimittis*. É interessante o critério do n. 139 sobre a ordem de proclamação dos diversos textos bíblicos em nossa liturgia, não apenas na LH.

84   *Instrução Geral sobre a Liturgia das Horas*

Antigo Testamento, em seguida, o Apóstolo, e, finalmente, o Evangelho.

VI. Leitura da Sagrada Escritura

a) Leitura da Sagrada Escritura em geral

140. Segundo a antiga tradição, a leitura da Sagrada Escritura na liturgia se faz publicamente, não apenas na celebração eucarística, mas também no Ofício Divino. Essa leitura deve ser tida em grande estima por todos os cristãos, porque a própria Igreja a propõe, não conforme escolha ou preterências de particulares, mas em função do mistério que a Esposa de Cristo "revela no decorrer do ano, desde a Encarnação e Natal até a Ascensão, Pentecostes e a Expectação da feliz esperança e vinda do Senhor".[6] Além disso, na celebração litúrgica, a

[6]   SC, n. 102.

140-158: é longa a parte que se dedica *à leitura bíblica*. Também na LH mostra a Igreja, desde sempre, seu apreço à Palavra bíblica (ver índice: *Palavra de Deus*).

Em primeiro lugar (143-155), a hora que mais espaço concede a esta Palavra é o Ofício das Leituras, cujo espírito já estava descrito nos nn. 29 e 55. Aqui se indicam os critérios de seleção destas leituras (143-144), segundo os tempos ou festas, levando em conta a complementaridade com as leituras bíblicas da Missa. É interessante lembrar que temos três níveis de proclamação pública da Palavra de Deus: o ritmo dominical para os fiéis na Eucaristia, o ritmo diário da Missa e o próprio deste Ofício das Leituras: três níveis diferentes complementares.

Aparece afirmado outro critério: na LH não se proclama normalmente o Evangelho, reservando-se para a Missa (144).

III – Os diversos elementos da Liturgia das Horas   *85*

oração acompanha sempre a leitura da Sagrada Escritura, para que essa leitura produza fruto mais abundante, e a oração, por sua vez, particularmente os salmos, na força da leitura, seja compreendida mais plenamente e se torne mais fervorosa.

141. Na Liturgia das Horas, propõem-se uma leitura mais longa da Sagrada Escritura ou uma leitura mais breve.

142. Mais acima, o n. 46 trata, para as Laudes e Vésperas, da leitura mais longa, que é facultativa.

b) Curso da leitura da Sagrada Escritura no Ofício das Leituras

143. Ao organizar o ciclo de leituras da Sagrada Escritura no Ofício das Leituras, levaram-se em conta, por um lado, os tempos sagrados em que, por venerável tradição, se devem ler certos livros, e, por outro lado, o ciclo de leituras na Missa. Desse modo, a Liturgia das Horas se coordena com a Missa, de sorte que a leitura da Escritura no ofício complete a leitura que se faz na Missa, oferecendo assim uma visão geral de toda a História da Salvação.

144. Com exceção prevista no n. 73, o Evangelho não é lido na Liturgia das Horas, porque todos os anos se lê integralmente na Missa.

145. Há um ciclo duplo de leituras bíblicas: o primeiro, inserido no livro da Liturgia das Horas, abrange um só ano; o outro, a ser usado facultativamente e incluído no Suplemento, é bienal como o ciclo de leituras na Missa dos dias de semana no Tempo Comum.

Os nn. **145-153** falam do duplo curso de leituras bíblicas no ofício: o bienal, ao qual se dá preponderância (em teoria, não tanto depois na prática) e que enriquecerá este aspecto que havia ficado como lacuna na primeira edição (1971).

86 Instrução Geral sobre a Liturgia das Horas

146. O ciclo bienal de leituras é organizado de tal modo que em cada ano se leem quase todos os livros da Sagrada Escritura. São deixados para a Liturgia das Horas os textos mais longos e difíceis, que não encontrariam facilmente lugar na Missa. Enquanto o Novo Testamento é lido integralmente cada ano, parte na Missa e parte na Liturgia das Horas, do Antigo Testamento foram escolhidas as partes de maior importância, para se entender a História da Salvação e para alimentar a piedade.

Para que não se apresentem textos idênticos nos mesmos dias, nem se distribuam no mesmo tempo os mesmos livros — com o que restariam para a Liturgia das Horas perícopes de pouca importância e se perturbaria a série de textos —, a coordenação entre as leituras da Liturgia das Horas e da Missa exige necessariamente que o mesmo livro seja utilizado um ano na Missa e outro na Liturgia das Horas, ou que seja lido com algum tempo de intervalo, se no mesmo ano é lido na Missa e na Liturgia das Horas.

147. Segundo antiga tradição, no tempo do Advento serão lidas perícopes tiradas do livro de Isaías, em leitura semicontínua, que será alternada a cada dois anos. Acrescentam-se o livro de Rute e algumas profecias do livro de Miqueias. De 17 a 24 de dezembro há leituras especialmente indicadas; por isso, omitem-se as escolhidas para a terceira semana do Advento que não tenham lugar.

148. No Ano I, de 29 de dezembro a 5 de janeiro, se lê a Carta aos Colossenses, que trata da Encarnação do Senhor, situada no âmbito de toda a História da Salvação. No Ano II, lê-se o Cântico dos Cânticos, que é a figura da união entre Deus e o ser humano e o ser humano em Cristo: "Deus Pai celebrou o casamento do Deus filho, quando, no seio da Virgem, uniu-o à natureza humana, quando aquele que é Deus desde todo o sempre quis fazer-se homem no fim dos tempos".[7]

---

[7] S. Gregório Magno, *Homilia 38 in Evangelia*: PL 76, 1283.

III – Os diversos elementos da Liturgia das Horas 87

149. De 7 de janeiro até sábado depois da Epifania se leem textos escatológicos tirados de Isaías 60–66 e de Baruc. As lições excedentes serão omitidas nesse ano.

150. Na Quaresma do Ano I, leem-se perícopes do livro do Deuteronômio e da Carta aos Hebreus. No Ano II, dá se uma visão geral da História da Salvação, de acordo com os livros do Êxodo, Levítico e Números. A Carta aos Hebreus interpreta a aliança antiga à luz do mistério pascal de Cristo. Da mesma carta lê-se na Sexta-Feira da Paixão do Senhor o trecho sobre o sacrifício de Cristo (9,11-28); e no Sábado Santo, sobre o descanso do Senhor (4,1-16). Nos outros dias da Semana Santa, no Ano I, leem-se do livro de Isaías os cantos 3º e 4º do Servo do Senhor e perícopes tomadas do livro das Lamentações; e no Ano II lê-se o profeta Jeremias, como tipo de Cristo sofredor.

151. De acordo com a tradição, no Tempo Pascal, excetuando-se os domingos 1º e 2º da Páscoa e as solenidades da Ascensão e Pentecostes, no Ano I serão lidos a Primeira Carta de São Pedro, o livro do Apocalipse e as Cartas de São João; e no Ano II, os Atos dos Apóstolos.

152. A série contínua de trinta e quatro semanas do Tempo Comum vai desde a segunda-feira após o domingo do Batismo do Senhor até a Quaresma, e desde a segunda-feira depois de Pentecostes até o Advento.

Essa série interrompe-se a partir da Quarta-Feira de Cinzas até o dia de Pentecostes. Na segunda-feira depois do domingo de Pentecostes, retoma-se a leitura do Tempo Comum, interrompida na semana que segue aquela em que começou a Quaresma, omitindo-se, porém, a leitura correspondente ao domingo.

Nos anos em que há somente trinta e três semanas do Tempo Comum, omite-se a semana que caberia imediatamente depois de Pentecostes, de modo que sempre se mantenham as lições das últimas semanas, que são de índole escatológica.

Os livros do Antigo Testamento são distribuídos segundo a História da Salvação: Deus se revela no decurso da vida do

88   *Instrução Geral sobre a Liturgia das Horas*

povo, que é gradualmente conduzido e iluminado. Por isso, os profetas são lidos intercaladamente com os livros históricos, de acordo com o tempo em que viveram e ensinaram. Assim, no Ano I a série de leituras do Antigo Testamento apresenta, ao mesmo tempo, os livros históricos e os oráculos dos profetas, desde o livro de Josué até a época do exílio inclusive. No Ano II, após a leitura do Gênesis, que se coloca antes da Quaresma, continua a História da Salvação depois do exílio até o tempo dos Macabeus. Inserem-se nesse mesmo ano os últimos profetas, os livros sapienciais e as narrações dos livros de Ester e Judite.

As cartas dos Apóstolos, não lidas em tempos especiais, são distribuídas, levando em conta, por um lado, as leituras da Missa, e, por outro, a ordem cronológica em que foram escritas.

153. No entanto, tendo em vista os dois ciclos de leituras da Missa, da qual é complemento, o ciclo anual do ofício é de tal modo abreviado, que a cada ano possam ser lidas partes seletas da Sagrada Escritura.

154. As solenidades e festas em geral têm leitura própria determinada; caso contrário, toma-se do Comum dos Santos.

155. Quanto possível, cada perícope conserva certa unidade. Portanto, para não ultrapassar o tamanho adequado — aliás, diferente segundo o gênero literário dos livros —, às vezes, se omitem alguns versículos, o que vem sempre indicado. Mas é louvável que a perícope seja lida integralmente nalgum texto aprovado.

c) As leituras breves

156. As leituras breves ou "capítulos", cuja importância na Liturgia das Horas é explicitada no n. 45, foram selecionadas de modo que expressem um pensamento ou admoestação de maneira breve, porém clara. Além dos mais, procurou-se a variedade.

III – Os diversos elementos da Liturgia das Horas 89

157. Desse modo, organizaram-se quatro séries semanais de leituras breves para o Tempo Comum, que são inseridas no Saltério, de modo que a cada dia, durante as quatro semanas, a leitura é diferente. Além disso, existem séries semanais para os tempos do Advento, Natal, Quaresma e Páscoa. Há também leituras breves próprias para solenidades e festas, e para algumas memórias, como também a série de uma semana para as Completas.

158. Para selecionar leituras breves observaram-se os seguintes critérios:

a) segundo a tradição, excluíram-se os Evangelhos;

b) na medida do possível, também se levou em conta o caráter peculiar do domingo, da sexta-feira e das próprias horas.

c) as leituras das Vésperas, como vêm após um cântico do Novo Testamento, foram tiradas apenas do Novo Testamento.

VII. Leituras dos Padres e de escritores eclesiásticos

159. Segundo a tradição da Igreja Romana, no Ofício das Leituras, após a leitura bíblica, segue uma leitura dos Padres ou de escritores eclesiásticos, acompanhada de seu responsório, a não ser que haja uma leitura hagiográfica (cf. nn. 228-239).

156-158: outro tipo de aproximação à Palavra de Deus são as *leituras breves*: um breve pensamento bíblico que nos ilumina ao longo do dia, em meio às ocupações. Já se havia explicado seu sentido nos nn. 45-46. É lógica a razão que dá para que as das Vésperas não sejam do AT.

159-172: no ofício há também uma *segunda leitura*, não bíblica, mas eclesiástica.

Antes de tudo a *patrística*, que já era descrita no n. 67, e agora aqui de novo, com as diversas fontes de procedência e possibilidades de

90　　　　　　　　　*Instrução Geral sobre a Liturgia das Horas*

160. São apresentados nessa leitura textos tirados de escritos dos Santos Padres, doutores e outros escritores eclesiásticos, pertencentes tanto à Igreja oriental como à ocidental, dando-se, porém, preferência aos Santos Padres, que gozam de autoridade especial na Igreja.

161. Além das leituras assinaladas para cada dia no livro da Liturgia das Horas, há também um "Lecionário Facultativo", no qual se oferece maior abundância de leituras para mais amplamente abrir o tesouro da tradição eclesial aos que celebram o Ofício Divino. Cada qual poderá, livremente, tomar a leitura do livro da Liturgia das Horas ou do Lecionário Facultativo.

162. Além disso, as Conferências Episcopais podem preparar outros textos adequados às tradições e à mentalidade de seu território[8] e acrescentá-los como suplemento ao Lecionário Facultativo. Esses textos sejam tirados de obras de escritores católicos que se distinguiram pela doutrina e santidade de costumes.

163. A função dessas leituras é principalmente ser meditação da Palavra de Deus, tal como a tradição da Igreja a entende, pois a Igreja sempre julgou necessário explicar autenticamente aos fiéis o sentido da Palavra de Deus, para que o "fio da interpretação dos profetas e apóstolos continue de maneira correta, segundo a norma do sentido eclesiástico e católico".[9]

---

[8]　Cf. SC, n. 38.
[9]　S. Vicente de Lérins, *Commonitorium*, 2 PL 50, 640.

---

ampliação e substituição. É interessante, sobretudo, o sentido que dão a esta leitura os nn. 163-165. Também admite flexibilidade (162.250).

Depois vem a leitura *hagiográfica* para as festas de santos (166-168), com os critérios que se anunciam no n. 167.

Estas leituras são seguidas dos correspondentes *responsórios* (169-172), com seu sentido de eco e contemplação tranquila (169-170). Por isso (171), estes responsórios têm também sentido na oração pessoal. Pedem para ser cantados (282).

III – Os diversos elementos da Liturgia das Horas 91

164. No contato assíduo com esses documentos oferecidos pela tradição da Igreja universal, os leitores são levados a uma profunda meditação da Sagrada Escritura e ao suave e vivo afeto por ela. Os escritos dos Santos Padres são testemunhos ilustres da meditação da Palavra de Deus, meditação essa produzida através dos séculos, pela qual a Esposa do Verbo, a Igreja, que "tem consigo o conselho e o espírito de seu Esposo e seu Deus",[10] se esforça para alcançar uma compreensão cada vez mais profunda das Sagradas Escrituras.

165. A leitura dos Padres também introduz os cristãos no significado próprio dos tempos e festas litúrgicos. Além disso, lhes garante o acesso às imensas riquezas espirituais que são o grande patrimônio da Igreja, como também oferecem o fundamento da vida espiritual e um riquíssimo alimento para a piedade. Assim, os pregadores da Palavra de Deus entram em contato diário com ilustres exemplos da pregação sagrada.

VIII. Leituras hagiográficas

166. Chama-se leitura hagiográfica o texto de algum Padre ou escritor eclesiástico que fala diretamente a respeito do santo celebrado ou que se aplica a ele com propriedade; é também um trecho dos escritos do próprio santo, ou a narração de sua vida.

167. Ao se prepararem os Próprios dos Santos, devem-se levar em conta a verdade histórica[11] e o proveito espiritual dos leitores e ouvintes da leitura hagiográfica, evitando-se cuidadosamente tudo o que despertaria apenas admiração. Dar-se-á relevância à peculiar índole espiritual dos santos, adaptada às circunstâncias atuais, à sua importância para a vida e para a espiritualidade da Igreja.

168. Antes da leitura se dá uma pequena notícia biográfica, que apresenta algumas notas meramente históricas e resume

---

[10] S. Bernardo, *Sermo 3 in vigilia Nativitatis 1*: Pl 183 (ed. 1879), 94.

[11] Cf. SC, n. 92c.

92 Instrução Geral sobre a Liturgia das Horas

brevemente a vida do santo. É apenas um informe que não será lido na celebração.

IX. Responsórios

169. Após a leitura bíblica, segue-se, no Ofício das Leituras, o respectivo responsório, cujo texto foi escolhido do tesouro tradicional ou de novas criações. Dessa forma, ele pode trazer nova luz para a compreensão da leitura que se acaba de proclamar; pode situá-la na História da Salvação ou conduzi-la do Antigo para o Novo Testamento; pode transformar a leitura em oração e contemplação; e, por fim, pode, com sua beleza poética, oferecer agradável variedade.

170. De modo semelhante, acrescenta-se à segunda leitura um responsório adequado, que não precisa estar em relação estreita com o texto da leitura, e assim favoreça maior liberdade para meditação.

171. Por conseguinte, os responsórios com suas repetições conservam seu valor também para a recitação individual. Contudo, a parte que se costuma repetir, no responsório, pode ser omitida na recitação sem canto, a não ser que o sentido exija que seja pronunciada.

172. De maneira semelhante, porém mais simples, o responsório breve das Laudes, Vésperas e Completas, do qual tratam os nn. 48 e 89, e o versículo para a Oração das Nove, das Doze e das Quinze Horas, respondem à leitura breve como aclamação, a fim de que a Palavra de Deus penetre mais intimamente no ânimo de quem a escuta ou lê.

X. Hinos e outros cantos não bíblicos

173. Os hinos que, segundo antiquíssima tradição, fazem parte do Ofício Divino continuarão ocupando seu lugar.[12] De

---

[12] Cf. SC, n. 93.

III – Os diversos elementos da Liturgia das Horas 93

fato, estão especificamente destinados ao louvor de Deus, não apenas por sua natureza lírica, mas porque constituem elemento popular que quase sempre expressa, mais claramente do que as outras partes do Ofício Divino, o sentido peculiar de cada Hora ou das várias festas, e movem poderosamente os ânimos a uma celebração piedosa. Essa eficácia, muitas vezes, cresce devido à beleza literária. Por outro lado, no ofício, os hinos são o principal elemento poético de criação eclesiástica.

174. Segundo a tradição, o hino termina com a doxologia, geralmente dirigida à mesma Pessoa divina a quem se dirige o hino todo.

175. No ofício do Tempo Comum, para maior variedade, previu-se dupla série de hinos para todas as horas, que serão usados em semanas alternadas.

176. Assim também, para o Ofício das Leituras, estabeleceu-se dupla série de hinos, para serem ditos na recitação noturna ou diurna, conforme o caso.

177. Os novos hinos introduzidos podem ser acompanhados com as tradicionais melodias da mesma extensão e metro.

178. Para a celebração em vernáculo, concede-se às Conferências Episcopais a faculdade de adaptar os hinos latinos ao espírito da própria língua, como também introduzir novas criações de hinos,[13] contanto que condigam estritamente

---

[13] Cf. ibid., n. 38.

173-178: os *hinos* são outro elemento importante da LH, como composição eclesial das várias gerações, incluída a nossa, que teve que sofrer — e é de esperar que continue — um trabalho de composição, em texto e música, de hinos, seguindo o exemplo dos séculos anteriores, que nos legaram uma riqueza considerável de hinos latinos.

O sentido que o hino tem na oração da LH é expresso no n. 173, completando com o que o n. 42 já havia dito, ao falar do das Laudes e Vésperas.

É interessante a clareza e dureza com que o n. 178 exige certa qualidade (em letra e música) para estes hinos.

94   *Instrução Geral sobre a Liturgia das Horas*

com o sentido da hora, do tempo ou da festa. Deve-se, contudo, ter muito cuidado para evitar que se admitam canções populares carentes de valor artístico e que não estejam verdadeiramente em conformidade com a dignidade da liturgia.

XI. Preces, Oração do Senhor e oração conclusiva

a) Preces ou intercessões nas Laudes e Vésperas

179. A Liturgia das Horas celebra, na verdade, o louvor divino. Mas a tradição, tanto judaica como cristã, não separa do louvor divino a oração de petição, e com frequência faz esta derivar daquele. O Apóstolo Paulo exorta a fazer "preces e orações, súplicas e ações de graças, por todos os seres humanos; pelos que governam e por todos os que ocupam altos cargos, a fim de que possamos levar uma vida tranquila e serena, com toda piedade e dignidade. Isto é bom e agradável a Deus, nosso Salvador; ele quer que todos os seres humanos sejam

---

179-193: a *oração de intercessão e súplica* se concretiza de modo especial nas *preces*. São, em nossa oração da LH, o binômio formado pelo louvor agradecido e pela súplica intercessora (cf. no Índice: *Preces*). A disposição interior destas duas atitudes já está presente no próprio Cristo (3.17).

As preces das Vésperas, como as da Missa, são mais universais. As das Laudes, oferecimento da própria jornada (180-181).

Descrevem-se aqui critérios de variedade, adaptação, criatividade. Nas orações universais da Missa normalmente a intenção não é dirigida a Deus, mas à comunidade (a qual depois por sua vez dirigirá sua oração, a propriamente chamada "oração dos fiéis", a Deus), enquanto na LH a intenção já é dirigida a Deus: é para que também tenham sentido na oração individual, na qual não tem sentido convidar outros a rezar (191).

III – Os diversos elementos da Liturgia das Horas

95

salvos e cheguem ao conhecimento da verdade" (1Tm 1,1-4). Essas recomendações foram frequentemente interpretadas pelos Padres no sentido de fazer intercessões pela manhã e pela tarde.[14]

180. Restabelecidas na Missa de rito romano, as intercessões ocorrem também nas Vésperas, embora de maneira diferente, como adiante se explica.

181. Além disso, existe a tradição de ao amanhecer se recomendar o dia todo a Deus; assim, fazem-se invocações nas Laudes exatamente para recomendar ou consagrar o dia ao Senhor.

182. Dá-se o nome de preces tanto às intercessões que se fazem nas Vésperas, como às invocações que, para consagrar o dia a Deus, são feitas nas Laudes.

183. Para maior variedade, mas principalmente para melhor expressar as diversas necessidades da Igreja e dos seres humanos, segundo os diferentes estados, grupos, pessoas, condições e tempos, propõem-se fórmulas diferentes das preces para cada dia no ciclo do Saltério, e para os vários tempos sagrados do ano litúrgico, como ainda para certas celebrações festivas.

184. Além disso, as Conferências Episcopais poderão adaptar as fórmulas propostas no livro da Liturgia das Horas e também aprovar outras novas,[15] observando as normas que se seguem.

185. Como no Pai-Nosso, convém que às petições se una também o louvor a Deus, a proclamação de sua glória ou a memória da História da Salvação.

186. Nas preces das Vésperas, a última intenção será sempre pelos defuntos.

187. Sendo a Liturgia das Horas, de modo especial, a oração de toda a Igreja por toda a Igreja e ainda para a salvação do mundo inteiro,[16] convém que, nas preces, as intenções

---

[14] Assim, por exemplo, S. João Crisóstomo, *In Epist. ad Tim. I, Homilia 6*: PG 62, 530.

[15] Cf. SC, n. 38.

[16] Cf. ibid., nn. 83 e 89.

96 Instrução Geral sobre a Liturgia das Horas

universais ocupem absolutamente o primeiro lugar, quer se reze pela Igreja com suas diversas ordens, quer pelas autoridades civis, pelos que vivem na pobreza, pelos que padecem enfermidade ou tristeza, e pelas necessidades do mundo todo, tais como a paz e outras intenções semelhantes.

188. Todavia, tanto nas Laudes como nas Vésperas, poderão ser acrescentadas algumas intenções particulares.

189. As preces do ofício foram estruturadas de tal maneira que possam adaptar-se tanto para a celebração com o povo como para a celebração de uma pequena comunidade ou para a recitação individual.

190. Por isso, na recitação com o povo ou comunitária, as preces se introduzem com breve convite do sacerdote ou de outro ministro, em que se propõe um modelo de resposta, que a assembleia repetirá todas as vezes de modo invariável.

191. Além disso, as intenções são dirigidas diretamente a Deus, para que sejam convenientes tanto à celebração comunitária como à recitação individual.

192. Todas as fórmulas de intenções constam de duas partes, podendo a segunda ser empregada como resposta variável.

193. Assim, podem usar-se diferentes modos: o sacerdote ou ministro dirá as duas partes, e a assembleia dirá a resposta invariável ou fará uma pausa de silêncio; ou, então, o sacerdote ou ministro dirá só a primeira parte, e a assembleia dirá a segunda.

b) Oração do Senhor

194. Nas Laudes e nas Vésperas, por serem horas mais frequentadas pelo povo, após as preces em razão de sua dignidade, segue a Oração do Senhor, conforme venerável tradição.

194-196: o *Pai-Nosso* é a culminação de toda a oração das Laudes e Vésperas. Depois dos textos compostos por nós (os hinos), ou os to-

III – Os diversos elementos da Liturgia das Horas 97

195. Portanto, daqui por diante, a Oração do Senhor será rezada solenemente três vezes ao dia: na Missa, nas Laudes e nas Vésperas.

196. O Pai-Nosso é dito por todos, precedido de breve exortação, se oportuno.

c) Oração conclusiva

197. No final de cada hora, para terminar, se diz a oração conclusiva, que na celebração pública e com o povo compete ao sacerdote ou diácono, segundo a tradição.[17]

198. No Ofício das Leituras, essa oração, como de costume, será a mesma da Missa. Nas Completas, será sempre a do Saltério.

199. Nas Laudes e nas Vésperas, toma-se a oração do Próprio, nos domingos, dias da semana do Tempo do Advento, Natal, Quaresma e Páscoa, bem como nas solenidades, festas e memórias. Mas, nos dias de semana do Tempo Comum, diz-se a oração indicada no ciclo do Saltério, a fim de expressar o caráter próprio dessas horas.

200. Na Oração das Nove, das Doze e das Quinze Horas, ou na Hora Média, toma-se a oração do Próprio, nos domingos e nos dias da semana do Tempo e do Advento, Natal, Quaresma

---

[17] Cf. infra, n. 256.

---

mados do AT (salmos, cânticos), do NT (leituras apostólicas, cânticos das cartas) ou do Evangelho (os cânticos de Maria e Zacarias), agora nossa oração chega a se unir à do próprio Cristo, o Pai-Nosso. Por isso é tão conveniente que seja cantado nas Laudes e Vésperas.

197-200: a oração desemboca na *oração conclusiva*, que aqui é descrita em relação à pessoa que a diz e o modo de fazê-la.

98 Instrução Geral sobre a Liturgia das Horas

e Páscoa, bem como nas solenidades e festas. Nos demais dias, dizem-se as orações que expressam o sentido da hora correspondente e que se encontram no Saltério.

XII. Silêncio sagrado

201. Nas ações litúrgicas deve-se procurar, em geral, que "se guarde também, a seu tempo, um silêncio sagrado";[18] por isso, haja ocasião de silêncio também na celebração da Liturgia das Horas.

202. Por conseguinte, se parecer oportuno e prudente, para facilitar a plena ressonância da voz do Espírito Santo nos corações e unir mais estreitamente a oração pessoal com a Palavra de Deus e com a voz pública da Igreja, pode-se fazer uma pausa de silêncio após cada salmo, depois de repetida sua antífona, de acordo com a antiga tradição, sobretudo se depois do silêncio se acrescentar a oração sálmica (cf. n. 112); ou também após as leituras, tanto breves como longas, antes ou depois do responsório.

Contudo, evite-se introduzir um silêncio tal que deforme a estrutura do ofício, ou que ocasione aos participantes mal-estar ou tédio.

203. Na recitação a sós, haverá maior liberdade para demorar na meditação de alguma fórmula, que incentive a elevação espiritual, sem que com isso o ofício perca sua natureza pública.

---

[18] SC, n. 30.

201-203: um apêndice interessante é o do *silêncio* como elemento de nossa oração. Seu sentido aparece bem no n. 202, assim como os casos em que se aconselha, e o critério de não prejudicar o ritmo dinâmico da celebração (203).

CAPÍTULO IV

AS VÁRIAS CELEBRAÇÕES AO LONGO DO ANO LITÚRGICO

I. Celebração dos mistérios do Senhor

a) Domingo

204. O ofício do domingo começa com as I Vésperas. Nestas, diz-se tudo do Saltério, exceto as partes indicadas como próprias.

205. Quando se celebra no domingo uma festa do Senhor, as I Vésperas são próprias.

206. Mais acima, o n. 73 falou a respeito da maneira de como celebrar as vigílias, quando parecem oportunas.

204-207: começando *o capítulo IV*, onde se descreve a LH ao longo de todo o Ano Litúrgico, estão as breves observações sobre o domingo, sobretudo ao que se refere às primeiras Vésperas e às vigílias.

100 Instrução Geral sobre a Liturgia das Horas

207. É de suma conveniência, conforme antiquíssimo costume, celebrar ao menos as Vésperas com o povo quando possível.[1]

b) Tríduo Pascal

208. No próprio Tríduo Pascal, celebra-se o ofício como está indicado no Próprio Tempo.

209. Quem participa da Missa vespertina na Ceia do Senhor ou da celebração da Paixão do Senhor na Sexta-Feira Santa não recita as Vésperas dos respectivos dias.

210. Na Sexta-Feira da Paixão do Senhor e no Sábado Santo, antes das Laudes, na medida do possível, faça-se uma celebração pública do Ofício das Leituras, juntamente com o povo.

211. Apenas aqueles que não participam da Vigília Pascal é que recitam as Completas do Sábado Santo.

212. A Vigília Pascal substitui o Ofício das Leituras. Portanto, quem não participa da solene Vigília Pascal recite pelo menos quatro leituras dela, com seus cânticos e orações. Convém que se escolham as leituras do Êxodo, de Ezequiel, do Apóstolo e do Evangelho. Seguem-se o hino *Te Deum* e a oração do dia.

213. Todos dizem as Laudes do Domingo da Ressurreição. Convém que as Vésperas sejam celebradas de modo particularmente solene, para festejar a tarde deste dia tão sagra-

[1] Cf. SC, n. 100.

208-217: enumeram-se as particularidades de celebrações dos *mistérios do Senhor*: o Tríduo Pascal (no qual se destaca principalmente o Ofício das Leituras com o povo, assim como as Vésperas do domingo de Ressurreição), o Tempo Pascal, o Natal (sobre cuja vigília já havia falado nos nn. 71-72) etc.

IV – As várias celebrações ao longo do ano litúrgico **101**

do e comemorar as aparições do Senhor a seus discípulos. Conserve-se com o maior empenho, onde estiver vigorando, a tradição de celebrar no dia da Páscoa as Vésperas batismais, em que se caminha em procissão até a fonte batismal, ao canto de salmos.

c) Tempo Pascal

214. A aclamação Aleluia, com que termina a maioria das antífonas (cf. n. 120), confere caráter pascal à Liturgia das Horas. O mesmo papel desempenham os hinos, antífonas e preces especiais, como também as leituras próprias marcadas para cada hora.

d) Natal do Senhor

215. Na noite de Natal do Senhor é bom que antes da Missa se celebre uma vigília solene com o Ofício das Leituras. Quem dela participa não recita as Completas.

216. As Laudes do dia de Natal são ditas como de costume, antes da Missa da aurora.

e) Outras solenidades e festas do Senhor

217. Para organizar o ofício nas solenidades e festas do Senhor, considere-se o que dizem, mais abaixo, os nn. 225-233, com as devidas mudanças.

II. Celebração dos santos

218. As celebrações dos santos estão organizadas de modo que não se sobreponham às festas e tempos sagrados em que

102 — Instrução Geral sobre a Liturgia das Horas

se comemoram os mistérios da salvação,[2] nem alterem, com frequência excessiva, a sequência da salmodia e da leitura nem causem repetições indevidas. Ao contrário, fomentem a legítima devoção de cada um. Nestes princípios se fundamentou a reforma do calendário, realizada por ordem do Concílio Vaticano II, como também a maneira de celebrar os santos na Liturgia das Horas, conforme se indica nos números seguintes.

219. As celebrações dos santos são solenidades, festas ou memórias.

220. As memórias, por sua vez, são obrigatórias ou, se nada for dito, facultativas. Para decidir se convém ou não celebrar uma memória facultativa na celebração do ofício com o povo ou em comum, leve-se em conta o bem comum ou a devoção autêntica da própria assembleia, e não apenas de quem a preside.

221. Se no mesmo dia ocorrem várias memórias facultativas, pode-se celebrar apenas uma, omitindo-se as demais.

222. As solenidades, e somente elas, são transferidas na forma estabelecida pelas rubricas.

[2] Cf. SC, n. 111.

218-240: mais longo é o que se diz das *celebrações de santos.*

Começando pelo salutar critério a seguir nelas (218); que não prevaleçam sobre as celebrações do Senhor, mas tampouco se esqueça o sentido que tem a veneração dos santos e suas festas.

Descrevem-se as três categorias de celebrações: solenidades, festas e memórias (obrigatórias ou livres) e se estabelece detalhadamente como organizar a LH em cada caso: por exemplo, que apenas as solenidades têm primeiras Vésperas (225), que apenas se mudam de data as solenidades (222), que as festas e solenidades costumam ter todos os elementos próprios etc.

Breve alusão à memória mariana dos sábados no Tempo Comum (240).

IV – As várias celebrações ao longo do ano litúrgico **103**

223. As normas seguintes valem tanto para os santos inscritos no calendário romano universal, como para os inscritos nos calendários particulares.

224. As partes próprias que por acaso faltarem são substituídas pelos respectivos Comuns dos Santos.

1. Como se organiza o ofício nas solenidades

225. As solenidades têm, no dia anterior, I Vésperas.

226. Tanto nas I como nas II Vésperas são próprios: o hino, as antífonas, a leitura breve com o seu responsório e a oração conclusiva. No caso de faltarem, tomam-se do Comum.

Os dois salmos nas I Vésperas são geralmente tomados da série *Laudate,* ou seja, dos salmos 112(113), 116(117), 134(135), 145(146), 146(147,1-11) e 147, de acordo com antiga tradição. O cântico do Novo Testamento é indicado no devido lugar. Nas II Vésperas, os salmos e o cântico são próprios; as preces são próprias ou do Comum.

227. Nas Laudes são próprios: o hino, a antífona, a leitura breve com seu responsório e a oração conclusiva. Em sua falta, tomam-se do Comum. Mas os salmos são tirados do I Domingo do Saltério. As preces são próprias do Comum.

228. No Ofício das Leituras tudo é próprio: hino, antífonas, salmos, leituras e responsórios. A primeira leitura é bíblica e a segunda, hagiográfica. Tratando-se de um santo de culto apenas local e que não tem partes especiais nem mesmo no próprio local, tudo se torna Comum.

No fim do Ofício das Leituras se diz o hino *Te Deum* e a oração própria.

229. Na Hora Média ou Oração das Nove, das Doze e das Quinze Horas, salvo indicação em contrário, diz-se o hino cotidiano. Os salmos são escolhidos entre os graduais com antífona própria, mas no domingo tomam-se os salmos do I Domingo do Saltério. A leitura breve e a oração conclusiva são

104 Instrução Geral sobre a Liturgia das Horas

próprias. Contudo, para certas solenidades do Senhor se preveem salmos especiais.

230. Nas Completas, tudo é do domingo, tanto após as I como as II Vésperas.

2. Como se organiza o ofício das festas

231. As festas não têm I Vésperas, exceto nas festas do Senhor que caiam em domingo. No Ofício das Leituras, nas Laudes e Vésperas, tudo é feito como nas solenidades.

232. Na Hora Média ou na Oração das Nove, das Doze e das Quinze Horas, diz-se o hino cotidiano. Os salmos com suas antífonas são do dia de semana, a não ser que, para a Hora Média, haja razão especial ou a tradição exija que se diga a antífona própria, o que será indicado no respectivo lugar. A leitura breve e a oração conclusiva são próprias.

233. As Completas dizem-se como nos dias comuns.

3. Como se organiza o ofício nas memórias dos santos

234. Entre a memória obrigatória e a facultativa, se esta é realmente celebrada, não existe diferença alguma quanto à maneira de organizar o ofício, a não ser que se trate de memórias facultativas, que ocorram em tempos privilegiados.

a) Memórias que ocorrem em dias comuns

235. No Ofício das Leituras, nas Laudes e Vésperas

a) os salmos com suas antífonas são tomados do dia da semana corrente, a não ser que haja antífonas próprias ou salmos próprios que são indicados em cada caso;

b) a antífona do Invitatório, o hino, a leitura breve, a antífona do *Benedictus* e do *Magnificat* e as preces, sendo próprios, se

IV – As várias celebrações ao longo do ano litúrgico **105**

dizem do santo; caso contrário, se dizem do Comum ou do dia da semana corrente;

c) a oração conclusiva se diz do Santo;

d) no Ofício das Leituras, a leitura bíblica com seu responsório é da Escritura corrente. A segunda leitura é hagiográfica, com o responsório próprio ou do Comum; na falta de leitura própria, lê-se a respectiva leitura patrística do dia. Não se diz o *Te Deum*.

236. Na Hora Média ou Oração das Nove, das Doze e das Quinze Horas e nas Completas reza-se tudo do dia da semana, e nada do santo.

b) Memórias que ocorrem nos tempos privilegiados

237. Nada se faz das memórias que ocorrem nos domingos, solenidades e festas, bem como na Quarta-Feira de Cinzas, Semana Santa e oitava da Páscoa.

238. Nos dias de semana de 17 a 24 de dezembro, na oitava de Natal e nos dias de semana da Quaresma, não se celebra nenhuma memória obrigatória, nem sequer nos calendários particulares. As memórias que acidentalmente ocorram no Tempo da Quaresma, nesse ano, são consideradas memórias facultativas.

239. Durante os referidos tempos, quem quer celebrar um santo que ocorra nesse dia como memória:

a) no Ofício das Leituras, depois da leitura patrística do Próprio Tempo com seu responsório, acrescenta a leitura hagiográfica própria, com seu responsório, e conclui com a oração do Santo;

b) além disso, nas Laudes e Vésperas, após a oração conclusiva, omitindo a conclusão, pode acrescentar a antífona (própria ou Comum) e a oração do santo.

c) Memória de Nossa Senhora no sábado

240. Nos sábados do Tempo Comum, em que se permitem memórias facultativas, pode-se celebrar com o mesmo rito a memória de Nossa Senhora, com leitura própria.

106 *Instrução Geral sobre a Liturgia das Horas*

III. Calendário que se deve seguir e possibilidade de escolher determinado ofício ou alguma de suas partes

a) Calendário que se deve seguir

241. O ofício no coro ou em comum deve ser celebrado conforme o calendário próprio, isto é, da diocese, da família religiosa ou de alguma igreja.[3] Contudo, os membros das famílias religiosas se unem à comunidade da Igreja local para celebrar a

---

[3] Cf. Normas gerais para o ano litúrgico e o calendário, n. 52.

241-252: especifica-se o *uso do calendário* na LH, tanto o geral da Igreja quanto os particulares de uma diocese ou de uma família religiosa. A igreja particular tem a primazia também para os religiosos, ao menos nos dias mais destacados (241). Há casos de flexibilidade na escolha de ofícios completos ou de seus elementos (244-252). É evidente que os domingos e festas mais importantes são mais relutantes a que se possam mudar seus próprios elementos. Embora permaneça o princípio de flexibilidade inclusive para os salmos dominicais, sobretudo quando são com o povo (129.247), durante o Tempo Comum é mais fácil o intercâmbio de elementos que nos tempos fortes (por exemplo 248).

Essa liberdade de escolha e adaptação, nos vários elementos da LH (ver índice: *Adaptação*) está fundamentada, ao longo destes números, com oportunos critérios: "por justa causa" (244), "por motivo público ou por devoção" (245), "contanto que não se altere a estrutura geral de cada hora" (246), "se for oportuno" (247), "no ofício celebrado com o povo" (247), "de tal modo que se leve gradualmente o povo a compreendê-los melhor" (247), "quando se fazem exercícios espirituais, em reuniões pastorais, em preces pela unidade da Igreja ou noutras ocasiões semelhantes" (248), e geralmente, como muito bem expressa o último número: "por motivo espiritual ou pastoral" (252).

IV – As várias celebrações ao longo do ano litúrgico **107**

dedicação da Igreja catedral e os patronos principais do lugar e de uma região mais extensa, onde moram.[4]

242. O clérigo ou religioso obrigado por qualquer título ao Ofício Divino, e que participa de ofício rezado em comum, segundo o calendário que seja o seu, com isto satisfaz à sua obrigação referente a essa parte do ofício.

243. Na celebração individual, pode-se observar tanto o calendário do lugar como calendário próprio, a não ser nas solenidades e festas próprias.

b) Faculdade de escolher determinado ofício

244. Nos dias de semana que permitem a celebração de memória facultativa, pode-se por justa causa celebrar com o mesmo rito (cf. nn. 234-239) o ofício de algum Santo inscrito no Martirológio Romano do dia ou em suplemento devidamente aprovado.

245. Fora das solenidades, domingos do Advento, Quaresma e Páscoa, Quarta-Feira de Cinzas, Semana Santa, oitava da Páscoa e 2 de novembro, por motivo público ou por devoção, pode-se celebrar completa ou parcialmente algum ofício votivo, por exemplo, em ocasião de uma peregrinação, de uma festa local ou da solenidade externa de um santo.

c) Faculdade de escolher alguns formulários

246. Em casos particulares, podem-se escolher no ofício formulários diferentes dos previstos, contanto que não se altere a estrutura geral de cada hora e se observem as normas que seguem.

247. No ofício dos domingos, solenidades e festas do Senhor, inscritas no calendário universal, nos dias de semana

---

4 Cf. ibid., n. 52c.

108   *Instrução Geral sobre a Liturgia das Horas*

da Quaresma e Semana Santa, nos dias de oitava da Páscoa e do Natal, e ainda nos dias de semana de 17 a 24 de dezembro inclusive, não é lícito mudar os formulários próprios ou apropriados a essas celebrações, quais são as antífonas, hinos, leituras, responsórios, orações e também, com frequência, os salmos.

Todavia, os salmos dominicais da semana corrente podem, se for oportuno, ser substituídos pelos salmos dominicais de outra semana, ou também, tratando-se de ofício celebrado com o povo, por outros salmos, escolhidos de tal modo que se leve gradualmente o povo a compreendê-los melhor.

248. No Ofício das Leituras, deve-se ter na maior estima a leitura corrente da Sagrada Escritura. Também ao ofício se aplica o desejo da Igreja: que "dentro de determinado ciclo de anos sejam lidas ao povo as partes mais importantes da Sagrada Escritura".[5]

Assim considerando, nos tempos do Advento, Natal, Quaresma e Páscoa não se abandone o ciclo das leituras da Sagrada Escritura proposto para o Ofício das Leituras. E no Tempo Comum, em dia ou dias seguidos, por justa causa — por exemplo, quando se fazem exercícios espirituais, em reuniões pastorais, em preces pela unidade da Igreja ou noutras ocasiões semelhantes — podem-se tomar leituras que são propostas para outros dias ou, inclusive, outras leituras bíblicas.

249. Interrompendo-se a leitura contínua, por causa de solenidade, festa ou celebração especial, pode-se, na mesma semana, tendo sempre em conta o plano da semana toda, unir aos demais textos que se omitiram, ou também decidir que textos se devem preferir a outros.

250. No próprio Ofício das Leituras, em lugar da leitura proposta para determinado dia, pode-se, por justa causa, escolher outra leitura do mesmo tempo, tirado do livro da Liturgia das Horas ou do Lecionário Facultativo (n. 161). Além disso, nos dias de semana do Tempo Comum, e também parecendo oportuno,

---

[5] SC, n. 51.

IV – As várias celebrações ao longo do ano litúrgico 109

no Tempo do Advento, Natal, Quaresma e Páscoa, pode-se fazer a leitura quase contínua da obra de algum Padre, leitura essa que esteja de acordo com a mentalidade bíblica e litúrgica.

251. As leituras breves, e também as orações, cantos e preces propostos para os dias da semana de um tempo especial, podem ser rezadas nos outros dias de semana do mesmo tempo.

252. Embora se deva ter em grande apreço a observância de todo o ciclo do Saltério distribuído em semanas,[6] em lugar dos salmos correspondentes a determinado dia, podem ser recitados, por motivo espiritual ou pastoral, outros salmos propostos para a mesma hora de outro dia. Há também circunstâncias ocasionais em que se podem escolher salmos e outros elementos adequados, na forma do ofício votivo.

---

[6] Cf. acima, nn. 100-109.

CAPÍTULO V

RITOS DA
CELEBRAÇÃO COMUNITÁRIA

I. Exercício das funções

253. Na celebração da Liturgia das Horas, como nas demais ações litúrgicas, "cada qual, ministro ou fiel, ao desempenhar a própria função, faça tudo e somente aquilo que lhe compete pela natureza da coisa ou pelas normas litúrgicas".[1]

---

[1] SC, n. 28.

O último capítulo é dedicado a três partes interessantes dentro da LH: os ofícios ou ministérios, os ritos externos e o canto.

253-260: *os ofícios ou ministérios* na celebração comum da LH são descritos, antes de tudo, com a regra de ouro do n. 253, copiada de SC, n. 28.

Os ministros ordenados (bispo, presbítero ou diácono) são os que mais coerentemente presidem a oração comunitária (254: lembrando o quadro ideal do n. 20). Além disso, são indicados os modos de celebrar, as

112   *Instrução Geral sobre a Liturgia das Horas*

254. Quando o bispo preside, sobretudo na igreja catedral, esteja rodeado de seu presbitério, e haja participação plena e ativa do povo. Normalmente, em todas as celebrações com o povo, um presbítero ou diácono presida e haja também outros ministros.

255. O presbítero ou diácono que preside o ofício pode usar a estola sobre a alva ou a sobrepeliz; o presbítero pode usar também o pluvial. Aliás, nada impede que, em solenidades maiores, vários presbíteros vistam o pluvial e os diáconos, a dalmática.

256. Cabe ao sacerdote ou diácono que preside dar início, de sua cadeira, ao ofício, com o versículo introdutório, começar a Oração do Senhor, proferir a oração conclusiva, saudar o povo, abençoá-lo e despedi-lo.

257. As preces podem ser recitadas pelo sacerdote ou pelo ministro.

258. Na falta de um presbítero ou diácono, quem preside o ofício é apenas um dentre os demais; não entra no presbitério nem saúda ou abençoa o povo.

259. Quem desempenha o ofício de leitor proclamará, em pé, no lugar apropriado, as leituras longas ou breves.

260. Cabe ao cantor ou cantores iniciar as antífonas, salmos e demais cantos. Quanto à salmodia, observe-se o que dizem, acima, os nn. 121-125.

---

partes que competem ao presidente, o que faz um leigo quando dirige ou preside a oração etc.

Outros "ministros" que aparecem nomeados: os leitores (259) e os cantores (260).

Quanto às preces, é preferível a segunda possibilidade apontada pelo n. 257: que depois do convite do presidente, seja um ministro (leitor, monitor…) quem recite as intenções, para o presidente concluir.

V – Ritos da celebração comunitária

261. Durante o cântico evangélico nas Laudes e Vésperas, pode ser incensado o altar e, em seguida, também o sacerdote e o povo.

262. A obrigação coral atinge a comunidade e não o lugar da celebração, que não é necessariamente a igreja, de modo especial, em se tratando das horas celebradas sem solenidade.

263. Todos os participantes ficam de pé:

a) enquanto se dizem a introdução do ofício e os versículos introdutórios de cada hora;

b) enquanto se diz o hino;

c) enquanto se diz o cântico evangélico;

d) enquanto se dizem as preces, o Pai-Nosso e a oração conclusiva.

264. Todos escutam, sentados, as leituras, exceto o Evangelho (que se ouve de pé).

265. Enquanto se recitam os salmos e demais cânticos com suas antífonas, a assembleia permanece sentada ou de pé, segundo o costume.

266. Todos fazem o sinal da cruz, da fronte ao peito e do ombro esquerdo ao direito:

a) no início das horas, quando se diz: *Vinde, ó Deus, em meu auxílio;*

b) no início dos cânticos evangélicos *Benedictus, Magnificat* e *Nunc Dimittis.*

261-266: os *ritos externos* são mais escassos na LH que em outras celebrações sacramentais, mas não faltam. Por exemplo, o próprio lugar da celebração (262), ou a incensação possível durante o cântico evangélico (261), como símbolo da oração da comunidade que sobe ao céu e da oferenda que fazem de si mesmos, em torno ao altar, que sempre nos lembra a oferenda eucarística de Cristo.

As posturas corporais também se somam à oração para expressar nosso culto a Deus (263-265). O sinal da cruz nos momentos oportunos quer ajudar pedagogicamente a sintonia interior (266).

114 *Instrução Geral sobre a Liturgia das Horas*

O sinal da cruz sobre os lábios se faz no princípio do Invitatório, às palavras: *Abri os meus lábios, ó Senhor.*

II. O canto no ofício

267. Nas rubricas e normas dessa Instrução, as palavras "dizer" ou "proferir" (proclamar) devem ser entendidas, seja do canto, seja da recitação, conforme os princípios que se expõem a seguir.

267-284: é bonito que o documento termine com alguns números dedicados *ao canto na LH*, embora já se tenha falado ocasionalmente dele.

Antes de tudo, nos números 268-270 se resumem bem o sentido e as vantagens que o canto tem para o louvor lírico das horas. Quando no n. 273 se fala da "solenidade progressiva", é interessante que se afirme que a oração das horas não é como um monumento insigne a conservar, mas uma celebração sinal da própria vida da comunidade, na qual precisamente o canto pode produzir "uma grande e agradável variedade" (273) e "se caracterize igualmente por sua autenticidade e esplendor" (270).

Outro aspecto que dá força expressiva ao canto é o fato de que a LH está pensada para ser celebrada com o povo: por isso nestes nn. 270-273 se diz que se deve cantar sobretudo quando ocorre participação do povo. Para isso se dão também facilidades (final do 273; diversos gêneros musicais, além do gregoriano [274]; cantos em língua viva [275]; possibilidade de várias línguas na mesma celebração [276] etc.).

Oportunamente se enumeram os elementos da LH que por sua própria natureza pedem para ser cantados (277-284). Dos salmos se especificam também os modos diferentes de sua recitação ou canto (279), algo que já havia sido dito antes nos nn. 121-133. Sobre as leituras e outros elementos, por exemplo, as orações, não se insiste em seu possível canto (283-284).

No n. 279, ao falar da conveniência do canto na LH, se afirma que a finalidade de tudo isso não é uma oração que se contenta com a formalidade externa, mas sim que brote do interior e "seja agradável celebrar o louvor de Deus". Para isso serve o canto.

V – Ritos da celebração comunitária

268. "A celebração do Ofício Divino mediante o canto, por ser mais conforme à natureza desta oração e sinal de maior solenidade e mais profunda união dos corações no louvor a Deus, é vivamente recomendada aos que o celebram em coro ou comunitariamente".[2]

269. Por isso, tudo o que foi dito pelo Concílio Vaticano II[3] a respeito do canto litúrgico nas ações litúrgicas em geral vale de modo especial para a Liturgia das Horas. Ainda que todas e cada uma das partes do ofício tenham sido reformadas de tal modo que possam com fruto ser recitadas mesmo individualmente, muitas delas pertencem ao gênero lírico e, por isso, apenas mediante o canto podem expressar plenamente seu sentido, em particular os salmos, cânticos, hinos e responsórios.

270. Assim, na celebração da Liturgia das Horas não se deve considerar o canto como adorno acrescentado extrinsecamente à oração, mas como algo que brota do mais profundo da alma em oração e louvor a Deus e manifesta plena e perfeitamente o caráter comunitário do culto cristão.

São, pois, dignas de louvor as comunidades cristãs quaisquer que sejam, que se esforçam por rezar dessa maneira o mais frequentemente possível. Para isso, tanto os clérigos e religiosos como os fiéis devem ser instruídos com a necessária catequese e exercícios, para que possam cantar as horas com alegria, principalmente nos dias festivos. Contudo, não é fácil cantar integralmente o ofício; além do mais, o louvor da Igreja, nem por sua origem nem por sua natureza, pode ser considerado como algo próprio do clero ou dos monges, mas pertence à comunidade cristã inteira; por isso, devem-se levar em conta, ao mesmo tempo, vários princípios, a fim de que a celebração cantada na Liturgia das Horas não se faça apenas de modo correto, mas se caracterize igualmente por sua autenticidade e esplendor.

---

[2] SC. dos Ritos, *Instrução Musicam Sacram*, 5.3.1967, n. 37: AAS 59 (1967), p. 310; cf. SC, n. 99.

[3] Cf. SC, n. 113.

Instrução Geral sobre a Liturgia das Horas

271. Antes de tudo, convém que haja canto ao menos nos domingos e dias festivos, e nisto se distingam os vários graus de solenidade.

272. Além disso, nem todas as horas têm a mesma importância. Portanto, convém destacar das outras, também através do canto, as horas que na verdade são dois polos do ofício, isto é, Laudes e Vésperas.

273. Por outro lado, mesmo recomendando-se a celebração inteiramente cantada, contanto que se destaque pela arte e pelo espírito, pode-se, às vezes, aplicar, com fruto, o princípio de uma solenização "progressiva", seja por razões práticas, seja para não equiparar indiscriminadamente os diversos elementos da celebração litúrgica, fazendo com que voltem a ter seu sentido primitivo e sua verdadeira função. Desse modo, a Liturgia das Horas não se apresenta como belo monumento de tempos passados, que se deva conservar quase imutável para despertar admiração; ao contrário, pode reviver com novo sentido e progredir, tornando-se novamente a expressão autêntica de uma comunidade viva e alegre.

Este princípio da solenização "progressiva" admite vários graus intermediários, entre o ofício integralmente cantado e a simples recitação de todas as partes. Esta solução permite uma grande e agradável variedade, cuja medida precisa ser avaliada em função do colorido do dia ou da hora que se celebra, da natureza de cada um dos elementos constitutivos do ofício, do tamanho ou natureza da comunidade e também do número de cantores com que se pode contar em cada caso.

Através dessa flexibilidade maior, o louvor público da Igreja poderá celebrar-se com canto mais frequentemente do que até agora, e poderá ser adaptado de vários modos às diferentes circunstâncias. Desponta, com isso, fundada a esperança de que se descobrirão novos caminhos e novas formas para nossa época, como sempre sucedeu na vida da Igreja.

274. Nas ações litúrgicas com canto, celebradas em latim, o canto gregoriano, por ser próprio da Liturgia Romana, tem o

V – Ritos da celebração comunitária

primeiro lugar, em igualdade de condições.[4] Contudo, "a Igreja não afasta das ações litúrgicas nenhum gênero de música sacra, contanto que seja de acordo com espírito da própria ação litúrgica e com a natureza de cada uma de suas partes e não impeça a devida participação ativa do povo".[5] No ofício cantado, quando não existe melodia para a antífona proposta, tome-se outra antífona das que constam no repertório, contanto que seja apropriada, conforme os nn. 113, 121-125.

275. Dado que a Liturgia das Horas pode ser celebrada em vernáculo, "tenha-se o cuidado de preparar melodias que se possam empregar para o canto do Ofício Divino em vernáculo".[6]

276. Na mesma celebração, não há inconveniente que umas partes sejam cantadas numa língua, e outras partes noutra.[7]

277. Quais os elementos que de preferência devem ser cantados, isso é determinado pela autêntica ordem da celebração litúrgica, que pede sejam respeitados integralmente o sentido e a natureza de cada parte e do canto, pois algumas por si mesmas pedem o canto.[8] E são as seguintes, antes de tudo: as aclamações, as respostas às saudações do sacerdote e dos ministros, as respostas nas preces litânicas, as antífonas e salmos, os versículos intercalares ou refrões e os hinos e cânticos.[9]

278. É evidente que os salmos têm relação íntima com a música (cf. nn. 103-120). Isto é comprovado pela tradição tanto judaica como cristã. Realmente, cantar é de grande ajuda para a plena compreensão de muitos salmos, ou pelo menos para considerá-los a partir do ponto de vista poético e musical. Por conseguinte, sendo possível, essa forma parece preferível, nos dias e horas principais, e de acordo com a índole própria dos salmos.

---

4 Cf. SC, n. 116.
5 SC. dos Ritos, instrução *Musicam Sacram*, 5,3.1967, n. 9: AAS 59 (1967), p. 303; cf. SC, n. 166.
6 SC. dos Ritos, instrução *Musicam Sacram*, 5,3.1967, n. 41, cf. nn. 54-61: AAS 59 (1967), pp. 312, 316-317.
7 Cf. ibid., n. 51, p. 315.
8 Cf. ibid., n. 6, p. 302.
9 Cf. ibid., nn. 16a, 38, pp. 305, 311.

118 *Instrução Geral sobre a Liturgia das Horas*

279. Os diversos modos de salmodiar foram explicados acima, nos nn. 121-123. E variam não apenas de acordo com as circunstâncias externas, mas em função também dos diferentes gêneros de salmos que ocorrem na mesma celebração. Assim, será talvez melhor escutar os salmos sapienciais ou históricos, ao passo que os hinos e ações de graças pedem o canto comum. O que sobretudo interessa é não fazer uma celebração rígida ou artificial, preocupada apenas com a execução de normas formais; ao contrário, que responda a uma autêntica realidade. Portanto, deve-se atender a isso, para despertar nas mentes o desejo da oração da Igreja e para que seja agradável celebrar o louvor de Deus (cf. Sl 146[147],1-11).

280. Também os hinos poderão ser alimento de oração para quem reza as horas, quando possuem autêntico valor doutrinal e artístico. De *per se*, destinam-se a ser cantados. Por isso recomenda-se que na celebração comunitária se dê preferência a esta forma de execução, na medida do possível.

281. O responsório breve que, nas Laudes e Vésperas, segue a leitura, de que trata o n. 49, por si mesmo destina-se ao canto, e concretamente ao canto do povo.

282. Também os responsórios que no Ofício das Leituras seguem cada leitura, segundo sua índole e função, pedem o canto. Contudo, foram dispostos no ofício de tal modo que conservam seu sentido, mesmo na recitação individual e particular. Os responsórios, acompanhados de melodias simples e fáceis, poderão ser cantados com mais frequência do que os encontrados em fontes litúrgicas tradicionais.

283. As leituras, longas ou breves, não são de *per se* destinadas ao canto. Mas, ao serem proclamadas, procure-se com todo o cuidado que sejam lidas com dignidade, clareza e distinção e que todos possam ouvi-las e entendê-las perfeitamente.

284. Os textos lidos pelo presidente sozinho, como as orações, podem muito bem ser cantados, com arte e beleza, sobretudo em latim; todavia, isto ocorrerá mais dificilmente em certas línguas vernáculas, a não ser que pelo canto todos possam entender mais claramente as palavras do texto.

ÍNDICE ANALÍTICO

LC: *Laudis Canticum*, de Paulo VI; LC pr = prólogo; LC 8, número 8 desse documento.

LH: Liturgia das Horas em geral

O número sozinho indica o da IGLH.

Ação de graças (e louvor): a LH, cântico de louvor do céu, de Cristo, da Igreja LC pr; louvor a Deus na Igreja LC 8; a LH, oração de louvor e súplica simultaneamente 2.17.105, é oração de louvor em Cristo 3; os apóstolos e sua oração de louvor e ação de graças 5; o louvor e a ação de graças, tanto na Eucaristia quanto na LH 12; com os salmos louvamos e damos graças a Deus 103.105.106; na liturgia se une o louvor com a súplica 179; assim nos ensinou Cristo no Pai-Nosso 185; a Igreja exerce o sacerdócio de Cristo louvando e dando graças a Deus 15-16; os hinos, louvor de Deus 173; o Glória no final do salmo 123.

Aclamações: modo de participar ativamente 33; aclamações de conclusão no Ofício das Leituras 69; na Hora Média 79; os versos que na Hora Média respondem à leitura 172.

Adaptação: às condições atuais LC 1; à situação espiritual dos que rezam LC 8; na seleção do calendário 244-245; e de vários ele-

120 *Instrução Geral sobre a Liturgia das Horas*

mentos: flexibilidade na hora de selecioná-los 246-252; critério espiritual e pastoral nestas mudanças 252; por exemplo, as preces na oração pessoal ou no comunitário 189.191; o Ofício das Leituras pode ser noturno ou diurno 57.

Aleluia: se omite na Quaresma 41.60.79.85; se acrescenta às antífonas do Tempo Pascal 120.214.

Ano Litúrgico: as diversas celebrações ao longo do Ano Litúrgico 204-252.

Antífonas de Nossa Senhora: ao final das Completas 92.

Antífonas: ajudam a entender e rezar melhor os salmos LC 3; 109.110.113; antes do Salmo 123; depois do Salmo 123; às vezes substituíveis pelas "sentenças" 114; podem ser ditas ou omitidas em cada seção se o salmo foi dividido em partes 115.124; podem ser intercaladas entre as estrofes do salmo 114.125; às vezes as festas têm antífonas próprias 62.82.116-119; na Páscoa o aleluia é acrescentado a elas 120; podem ser mudadas se não tiverem melodias adequadas 274; antífonas do salmo invitatório 34.36; dos cânticos evangélicos 50: as antífonas pedem para ser cantadas 227.

Ato penitencial: nas Completas, o exame de consciência, a maneira do ato penitencial da Missa 86.

Bênção: a bênção de Jesus ao comer 4; a bênção na despedida das várias Horas 54.91.97; é própria do sacerdote ou diácono que preside 256: o leigo não abençoa 258.

Benedictus: nas Laudes 50; com a solenidade que lhe corresponde como Evangelho 138.

Biografia (de santos): breve notícia biográfica antes da leitura hagiográfica 168.

Bispo: especial mandato da Igreja para LH 17; à frente da Igreja local 20; primeiro na oração, como grande sacerdote de seu rebanho 28; nas paróquias o pastor faz suas vezes 21; se ele preside 254.

Índice analítico **121**

Breviário: era o nome do antigo livro de oração, que agora se chama Ofício Divino ou Liturgia das Horas LC 8; com permissão se pode utilizar LC 8.

Cabidos (de cônegos e colegiais): a LH celebrada pelo cabido 20; representam de modo especial a Igreja 24; obrigação em relação a LH 31.262.

Calendário: que é preciso seguir na LH 241-243.

Cânticos: do AT nas Laudes LC 4;136.265; e nas Vigílias 73; do NT nas Vésperas LC 4; 137.265; evangélicos (ver *Benedictus, Magnificat, Nunc Dimittis*) nas Laudes e Vésperas 50.138.263.

Canto: na LH 267-284; sentido e valores 268-270.273; princípio de solenidade progressiva 273; facilidades sobre gêneros de canto, gregoriano ou outros 274; em língua vernácula 275; quais partes da LH haveria que cantar 277.278-284; sobretudo os domingos 270-271, e Laudes e Vésperas com o povo 272; sempre é vantajoso cantar a LH quando se reza em comum, sobretudo os salmos 103.122.124.278-279; os cantores o iniciam 260.

Catequese: aos fiéis sobre a LH 23; instrução bíblica sobre os salmos 102; para melhor compreensão dos salmos 247.

Celebração comunitária: pedida pela própria natureza da LH 7.9; a Igreja orante LC 8; a comunidade exerce o sacerdócio de Cristo 13.15; celebração comum com o povo 20-27; Cristo está presente na comunidade orante 13; a LH pertence a toda a Igreja 20; sua melhor celebração, a da Igreja local com o bispo 20; nas paróquias 21, ou grupos de fiéis 22; os ministros ordenados convocam e presidem o povo 23; os cânones e religiosos obrigados ao coro 24.31; mas também os não obrigados, melhor rezarem em comum 25.26.32; os leigos 27.32; as comunidades obrigadas ao coro representam de modo especial a Igreja orante 24; a celebração em comum expressa melhor a Igreja 33; sobretudo se for fazer em comum Laudes e Vésperas 40; ao menos Vésperas no domingo 207;

122 Instrução Geral sobre a Liturgia das Horas

os diversos ofícios e ministérios na celebração comum 253-266; o canto na celebração comunitária 267-284.

Completas: 84-92; concluem a oração do dia 29; seu sentido e finalidade 84; estrutura e diversos elementos 85-92; o responsório breve 172; como são celebradas no Sábado Santo 211, Natal 215, solenidades 230, festas 233, memórias 236; seleção especial de salmos 128; os ministros ordenados as recitam com grande interesse 29.

Conclusão das horas: nas Laudes e Vésperas 54; no Ofício das Leituras 69; na Hora Média 79; nas Completas 91-92.

Conferências Episcopais: responsáveis pelas edições em línguas vivas LC 8; podem substituir responsórios breves 49; outras antífonas de Nossa Senhora 92; hinos 178; adaptar preces 184; ou editar um suplemento com um lecionário patrístico *ad libitum* 162; determinam a oração dos diáconos permanentes 30.

Consagração (ver *Tempo*).

Das Doze (Nona) (ver *Hora Média*).

Das Nove (Terça): (ver *Hora Média*)

Diáconos: os que aspiram ao presbiterado e a LH 29; os permanentes 30; quando preside um diácono 54.197.274-257.

Diálogo entre Deus e o homem (ver *Espiritualidade*).

Domingo: a LH no domingo 204-207; as vigílias dominicais 73; sobretudo os domingos, celebração das Laudes e Vésperas com o povo 23.207.271; salmos especiais 129; leituras breves 158.

Doxologia: do hino 174; dos salmos (ver *Glória ao Pai*).

Escritores eclesiásticos (ver *Leitura patrística*)

Espírito Santo: foi o que moveu Cristo e agora move a Igreja na oração 8; não há oração cristã sem a ação do Espírito 8; a oração que nos ensinaram os apóstolos é no Espírito 5; pela unção do Espírito

Índice analítico

participamos do sacerdócio de Cristo 7; a obra redentora de Cristo é no Espírito 13; o mesmo Espírito que inspirou os autores dos salmos é o que ajuda os que os rezam 100.102-104.

Espiritualidade: a LH favorece a santificação humana 14, o diálogo entre Deus e homem 14.33.56, sobretudo pela Palavra de Deus que alimenta a fé e a vida cristã 14.18.55.56.140; a LH como sinal da vida cristã 273; também favorecem a vida espiritual os outros elementos da LH (salmos, orações, leituras...) 14; as atitudes da Eucaristia são estendidas a todo o dia pela LH 12; a LH nos une à Igreja celeste e seu louvor 16; nos une à oração do próprio Cristo 13.17; espiritualidade especial para os ordenados 28 e religiosos 24; a ação pastoral fica também favorecida pela LH 18.27.28; a LH, fonte de vida cristã 18.19, LC 3; não está contra a oração pessoal, ao contrário, a favorece; já desde as primeiras gerações se unem a oração pessoal e a eclesial 1.74; também a oração pessoal é oração com Cristo 9; mas é preciso procurar a mente concorde com a voz LC 3, 19; é preciso buscar uma oração satisfatória, sentida 279; deixando que ressoe a voz do Espírito no silêncio e na oração 202, sobretudo na oração da LH recitada individualmente 203; (ver *Palavra de Deus, Cristo, Espírito, Ministros ordenados*).

Estrutura: da LH em geral 33; das Laudes e Vésperas 41-54; do Ofício das Leituras 60-69; das Completas 85-92; da Hora Média 79; tradição quanto à sucessão do AT, NT e Evangelho 139; nas mudanças que se façam para não prejudicar a estrutura da LH 246.

Eucaristia: a LH prolonga a Eucaristia ao longo do dia 12; e a prepara 12; a obra sacerdotal de Cristo a realiza não apenas na Eucaristia mas também na LH 13; toda ação pastoral conduz à Eucaristia 18; a Hora das Vésperas como hora da instituição da Eucaristia 39; as leituras bíblicas do Ofício das Leituras complementam as da Missa 55.143; o Pai-Nosso da Missa, junto com o das Laudes e o das Vésperas 195; preces da Eucaristia e das Vésperas são parecidas 180; modo de unir a celebração da Eucaristia com as horas 93-98; o Evangelho não é lido na LH, mas é reservado para a Eucaristia

124   *Instrução Geral sobre a Liturgia das Horas*

144; o ato penitencial da Missa e sua relação com o exame das Completas 86.

Evangelho: normalmente não é lido na LH 144.158; é lido nas vigílias prolongadas do domingo 73; e neste caso é escutado de pé 263.

Exame de consciência: nas Completas 86.

Família: santuário doméstico da Igreja, convidada a rezar a LH 27.

Festas: a celebração dos santos às vezes tem categoria de "festa" 219; como organizar a LH nas festas 231-233; nas festas do Senhor 217.

Fiéis: Pelo batismo todos unidos a Cristo 7; sacerdócio santo, capazes de culto 7; convidados à celebração com o bispo 20; ou nas paróquias 21; os fiéis visualizam a Igreja 22; manifestam o mistério de Cristo e a Igreja 18; são convocados e animados pelos ministros ordenados 23; convidados a celebrar algumas partes da LH 27.32; sobretudo os domingos 23.207.271; sobretudo nas Laudes e nas Vésperas 40; ao menos nas Vésperas dominicais 207; como faziam os fiéis das primeiras gerações 1.

Frases: antes do salmo, a modo de títulos cristãos 109-111; no Tempo Comum podem substituir as antífonas 114.

Glória ao Pai: doxologia ao final dos salmos 123-125; no começo das horas 41.60.79.85.

Hino: sentido e finalidade do hino na LH 33.42.173-178; elemento popular 173; festivo 42; que dá um colorido à celebração 42; nas Laudes e Vésperas 42; no Ofício das Leituras 56; com dupla série, noturna e diurna 58.61.176; na Hora Média 79-80; nas Completas 87; dupla série de hinos em latim 175; em língua viva 178; substituíveis por outros cantos 178; terminam com doxologia 174; pedem para ser cantados 177.280.

Homilia: na celebração comum com povo, nas Laudes e Vésperas 47; nas vigílias, depois do Evangelho 73.

Hora Média: seu sentido na LH 74-75.29; relação com o dia, com a Paixão de Cristo e os atos da primeira geração eclesial 74-75.29;

Índice analítico

oração da primeira comunidade à Hora das Nove, das Doze e das Quinze 1; no ofício coral se mantêm as três horas 76; fora do coro se pode escolher uma LC 2; 77; obrigação para os ministros ordenados 29; sua estrutura 78-79; salmodia 79.81-83.129.134; como unir a Hora Média com a Eucaristia 95.97; como se celebram nas solenidades 229, festas 232, memórias 236; oração conclusiva 200; versículo 172.

Horas: (ver *Tempo*).

Igreja: a LH pertence à essência da Igreja 9; é um de seus principais propósitos 1; desde os primeiros séculos 1; nesta oração Cristo se associa à sua Igreja 7; a Igreja desempenha a obra sacerdotal de Cristo como seu corpo e sua Esposa 13.15; continua o louvor e a súplica de Cristo 17; movida pelo Espírito Santo 8, e já em união com a Igreja do céu 16; a LH é oração que pertence a todo o corpo da Igreja 20, é oração de toda a Igreja 32, sobretudo as Laudes e as Vésperas devem ser consideradas como oração da comunidade cristã 40; a LH manifesta o que é a Igreja e incide nela 20, os fiéis que oram manifestam a natureza da Igreja 18, a visualizam 22, representam toda a Igreja 21; em particular os religiosos reproduzem o modelo do que é a Igreja 24; a LH contribui para o crescimento do Povo de Deus 18.24; expressa a identidade da Igreja local, em torno do bispo e demais ministros 20.254; a oração do bispo é sempre pela Igreja e em nome dela 28; os salmos são ditos em nome de todo o Corpo de Cristo 108-109, reconhecendo a voz da Igreja na do salmista 109; assim como os hinos que foram criados pela Igreja 173.

Incenso: nas Laudes e Vésperas, no cântico evangélico 261.

Invitatório: salmo invitatório na LH 34-36; antes do Ofício das Leituras ou das Laudes 35.41.60; estrutura 34; com antífonas variadas 36.

Jesus Cristo: orante em sua vida terrena 3-4; e em sua existência gloriosa 4; nos ensinou a orar 5; dá sentido à oração de toda a humanidade 6; associa a si a família humana LC 8; mas de um modo

126 Instrução Geral sobre a Liturgia das Horas

especial a Igreja 2.7; a Igreja ora com Cristo e a Cristo 2; continua sua oração 7.17; exercita a obra sacerdotal de Cristo 13.15; Cristo presente na Igreja orante 9.13; a oração da Igreja é oração de Cristo 15.17; a Igreja ora com os mesmos sentimentos de Cristo 19; os ministros ordenados, unidos à oração de Cristo Bom Pastor 28; nas Laudes recordamos a ressurreição de Cristo, e nas Vésperas seu sacrifício na cruz 38-39.

Laudes: para santificar a manhã LC 2; sentido e finalidade 29.38; junto com a Vésperas, as horas principais, sobretudo com o povo 25.29.37.40.127; LC 2.8; os ministros lhe dão a maior importância 29; estrutura 41-54; como se celebram no Tríduo Pascal 210.213, solenidades 134.227, festas 231, memórias 235.239, domingos 272, Natal 216; flexibilidades em trocar elementos 251; como unir as Laudes com a Missa 94; oração conclusiva 199; salmos adequados 127; responsório breve 172.

Lecionário: *ad libitum* para as leituras patrísticas 67.161 e complemento a este lecionário 162.

Leigos (ver *Fiéis*).

Leitor: entre os ministros 259.

Leitura bíblica: várias formas 140-142; elemento estrutural 33; sentido e importância LC 5.8; elemento de santificação para o homem 14; máximo apreço 140; fonte de piedade e vida cristã 18; a leitura bíblica no Ofício das Leituras 66.143-155; leituras complementares às da Missa 55.143; duplo curso, anual e bienal 145; descrição do curso bienal 146-152, do anual 153; leituras para solenidades e festas 154; cada perícope, unidade e extensão 155; flexibilidade e possíveis mudanças 248.249; de *per se* estas leituras não são cantadas 283; ordem de sucessão nas leituras 139 (ver *Palavra de Deus, Ofício das Leituras*).

Leitura breve: sentido 45.156; nas Laudes e Vésperas 44-45; na Hora Média 79-80; nas Completas 89.157; séries semanais varia-

Índice analítico

das 157; critérios de seleção 158; leituras breves nas solenidades 227.229, festas 231-232, memórias 235; flexibilidade de mudanças 251.

Leitura hagiográfica: em segundo lugar em festas de santos, no Ofício das Leituras 64-67.166-168; fontes de onde é tomada 166; critérios de verdade histórica e utilidade espiritual LC 7, 167; leitura em solenidades 228, festas 231, memórias 239; notícia biográfica do santo 168.

Leitura mais longa: nas Laudes e Vésperas, se parecer oportuno 44.46.142.

Leitura patrística: finalidade 163-165; sentido e valor LC 6; em segundo lugar no Ofício das Leituras 64.67.159-165; pode ser de Santos Padres ou de Escritores eclesiásticos 159-160; Lecionário Comum e Lecionário Facultativo 160-161; outras possibilidades por parte das Conferências Episcopais 162; flexibilidade de mudanças 250.

Língua: o latim em sua versão neovulgata LC 4; celebração em língua vulgar LC 4; versões para línguas vivas LC 8; antífonas em língua viva 114, salmos 121.125, hinos 178, cantos 275; várias línguas na mesma celebração 276; as leituras em latim poderiam ser cantadas, mas em línguas vivas não tanto 284.

Louvor: (ver *Ação de graças*)

Lugar: da celebração ou oração de LH 262.

*Magnificat***:** nas Vésperas 50, honra e apreço como Evangelho 138; pode-se incensar o altar 261.

Mandato (deputação): a Igreja dá um mandato especial aos ministros ordenados e religiosos de coro 17.28.29.30.

Memórias (de santos): a celebração de um santo às vezes é memória, obrigatória ou livre 219-221; como organizar a LH nestas memórias 234-240; memória de Nossa Senhora no sábado 240.

128   *Instrução Geral sobre a Liturgia das Horas*

Ministros ordenados: receberam um mandato especial da Igreja 17.23.28, LC 1.8; devem convocar e animar o povo cristão em sua oração 23; rodeiam o bispo na oração da Igreja local 20; na paróquia o pastor faz às vezes do bispo 21; aos que não estejam obrigados ao coro também convém que rezem em comum 25; rezam a LH mesmo quando o povo não se reúne 28 (bispos, presbíteros); obrigatoriedade especificada para os ordenados 29; os diáconos permanentes 30; quando eles presidem a LH 254-256 (ver *Diácono, Bispo, Presbítero, Presidente*).

Mortos: última petição nas Vésperas 186.

Nunc dimittis: cântico evangélico nas Completas 89; com honras de Evangelho 138.

Obrigação: por especial mandato da Igreja os ministros ordenados e os religiosos 17; há comunidades canônicas e religiosos obrigados ao coro 24.242.262; os ministros ordenados e sua especial obrigação 28; que se especifica para cada hora 29; os diáconos permanentes 30; os cabidos e religiosos de coro 31.

Ofício das Leituras: na LH 55-69; sentido e finalidade 29.55; que seja oração, não apenas leitura 56; caráter noturno ou diurno LC 2, 57-59.72-73.176; estrutura 60-69; os ministros ordenados o rezam obrigatoriamente 29; salmos próprios em alguns dias 134.129; com o povo no Tríduo Pascal 210, no Natal 215; a Vigília Pascal o substitui 211; em solenidades 228, festas 231, memórias 235.239; flexibilidade em mudanças 248-250; não se une normalmente à Missa, e sim a outras horas 98-99; começa com um invitatório 35.60; caráter noturno em vigílias 70.73 (ver *Leitura bíblica, Leitura hagiográfica, Leitura patrística, Palavra de Deus*).

Ofícios ou ministérios: vários ofícios ou ministérios na celebração comum da LH 253-260; leitores 259; cantor 260; presidente quando é ordenado 254-255; quando não o é 258; critério geral 253.

Oração conclusiva: depois de cada hora 197-200; nas Laudes e Vésperas 53; no Ofício das Leituras 69; na Hora Média 79-80; nas

Índice analítico 129

Completas 90; nas celebrações dos santos 226-229.232.235.239; é dita pelo sacerdote ou pelo diácono 197.256; cantada? 284.

Oração de intercessão e súplica: (ver *Preces*)

Oração sálmica: ao final do salmo e um momento de silêncio LC 3; 110.112.202.

Oração: *passim* (ver *Espiritualidade, Jesus Cristo, Palavra de Deus, Celebração comunitária*).

Padres: (ver *Leitura patrística*).

Pai-Nosso: modelo de oração dado por Cristo 5; três vezes ao dia LC 8; 195; nas Laudes e Vésperas 52.194, LC 8; todos o dizem 52.196; com possível monição 196.

Palavra de Deus: importância LC 5.8; nos santifica 14 e é fonte de vida 18; sentido no Ofício das Leituras 55-56; sentido na vida dos ministros ordenados 29; Cristo está presente em sua Palavra 13; grande estima e importância 140 (ver *Leitura bíblica, Ofício das Leituras*).

Paróquia: como célula da Igreja, convidada à LH 21.

Posturas corporais: momentos em que todos estão de pé 263; momentos em que todos estão sentados 264; flexibilidade durante os salmos e cânticos 265.

Preces: junto ao louvor estão a súplica e a intercessão 2.27.17.179; os Apóstolos nos ensinaram a oração de intercessão 5; o próprio Cristo também orou pela salvação do mundo 3.17.19; por isso a Igreja também ora suplicando 12; os bispos e presbíteros oram por sua comunidade e pelo mundo 28; as preces das Laudes e Vésperas 51.179-193; nas Laudes são invocação e oferecimento da jornada LC 8; 181; nas Vésperas, como na Missa, intercessões universais LC 8, 51.180.187; a última petição das Vésperas, pelos mortos 186; variedade nas preces 183; possibilidades de novas preces 184; ou de acrescentar outras 188.189; estrutura: convite,

130 *Instrução Geral sobre a Liturgia das Horas*

intenções e resposta 190-193; o sacerdote pode fazê-las ou o ministro 257; nas Laudes podem substituir, às vezes, a oração quando se celebram junto com a Missa 94.

Presbítero: (ver *Ministros ordenados, Presidente*).

Presidente: quando o bispo, o sacerdote ou o diácono preside a LH 254; modo de presidir 255; o que pertence ao que preside 256-257; oração conclusiva pelo sacerdote ou diácono 197; modo de presidir um leigo 258; a despedida e bênção final 54.197.

Prima: a Hora da Prima foi abolida LC 2.

Religiosos: especial mandato para a LH 17; os religiosos obrigados ao coro, de modo especial representam a Igreja 24.31; também os não obrigados ao coro celebrem em comum 26.32; calendário a seguir pelos religiosos na LH 241-242.

Responsório breve: depois das leituras das Laudes, Vésperas e Completas 172; nas Laudes e Vésperas 49; nas Completas 89; podem ser omitidas ou substituídas por outro canto 49; os versos que respondem à leitura na Hora Média 172; pedem para ser cantados, se for possível pelo povo 281.

Responsórios: sua função na LH 65.169-172; no Ofício das Leituras 65, depois da leitura bíblica 169, depois da segunda leitura 170; também tem sentido na recitação individual 171; pedem para ser cantados 282.

Salmos: os salmos na LC 100-135; cânticos inspirados pelo Espírito Santo, sentido e valores 100; embora sejam apenas sombra do NT 101; são poesia 103; produzem alegria de coração 104; variedade de sentimentos 106; sentido próprio 107 e cristológico 109; dizê-los com Cristo e com a Igreja LC 8, 108; estão impregnados da Palavra de Deus 14; podem surgir dificuldades em sua oração 101.105; solução a estas dificuldades 102; necessidade de catequese para o povo 23; elementos que ajudam a rezar os salmos (antífonas, orações sálmicas e títulos) 110-120; modos de recitar

Índice analítico 131

os salmos 121-125; distribuição dos salmos ao longo do ofício; ciclo de quatro semanas 126.133. LC 4; salmos para Laudes e Vésperas 43.127; para Completas 88.128; Ofício das Leituras 62.56; Hora Média 79.81-82; para os domingos e sextas-feiras 129; para as diversas celebrações do ano 130-134; flexibilidade de mudanças nos salmos 247.252; os salmos graduais 83; salmos ou parte de salmos que foram omitidos 131; divisão dos salmos longos 132; o salmo invitatório 34-35; postura durante os salmos 265; o canto dos salmos 269.277-279.

Santos: organização da LH nas celebrações de santos 218-240; critério fundamental 218; flexibilidade 244-245 (ver *Leitura hagiográfica*).

Sexta-feira: salmos penitenciais ou da Paixão 129; leituras breves adequadas 158.

Silêncio: seu sentido na LH 201-203; LC 3; depois dos salmos 112.124.202; das leituras e homilia 48.202; durante o exame de consciência 86; mas não muito longo 202; na recitação individual, mais liberdade 203.

Sinal da cruz: no início dos cânticos evangélicos 266; no início das horas 266; sobre os lábios no "Abri meus lábios, ó Senhor" 266.

Solenidade: como organizar a LH nas solenidades dos santos 219.225-230; somente as solenidades podem ser transferidas 222; as solenidades do Senhor 217.

Te Deum: no fim do Ofício das Leituras 68; nas Vigílias 73.212; nas solenidades 288; nas memórias não é dito 235.

Tempo (santificação do): a LH está ligada e consagra o tempo do dia e da noite 10.11, LC 2; estende a todo o dia os valores da Eucaristia 12; as horas principais, Laudes e Vésperas, manhã e tarde 37; sentido de cada hora: Laudes 38, Vésperas 39, Vigílias 72; Média 74, Completas 84; a LH já liga com o louvor escatológico 16; o critério da *veritas temporis* na oração da LH: 11.20.29.61.80, LC 8.

132 *Instrução Geral sobre a Liturgia das Horas*

Título de salmos: uma das ajudas para entender o salmo 107.110.111.

Vésperas: já as primeiras gerações celebravam o lucernário ao acender as luzes 1; sentido das Vésperas 39; e as Laudes, as principais horas, a celebrar com o povo 25.29.37.40.127.272, LC 2.8; estrutura 41-54; os ordenados devem rezá-las 29; salmos adequados 127; sobretudo as Vésperas de domingo com o povo 207, o dia de Páscoa 213, e primeiras Vésperas de domingo 204-205; em solenidades 226, festas 231, memórias 235.239; leituras breves do NT sempre 158; como unir, se se quiser, as Vésperas à Missa 96-97; flexibilidade em vários elementos 251.

Vestes: vestido litúrgico ao presidir a LH 255.

Vigílias: seu sentido na LH 70-73; a Vigília Pascal 70.212; a de Natal 71.215; a de Pentecostes 71; sentido destas vigílias 72; vigília prolongada do domingo 73.206.

SUMÁRIO

Introdução 5

Abreviaturas 8

O Ofício Divino segundo a *Sacrosanctum Concilium*
(Concílio Vaticano II, 1963) 9

Laudis Canticum – Constituição Apostólica de Paulo VI, 1971 15

INSTRUÇÃO GERAL SOBRE A LITURGIA DAS HORAS

Capítulo I
Importância da Liturgia das Horas ou o Ofício Divino na vida da Igreja 27

    I. A oração de Cristo 29

    II. A oração da Igreja 32

    III. A Liturgia das Horas 36

    IV. Quem celebra a Liturgia das Horas 43

Capítulo II
A santificação do dia ou as diversas Horas do Ofício Divino 53

    I. Introdução de todo ofício 53

    II. Laudes e Vésperas 54

    III. Ofício das Leituras 59

    IV. Vigílias 62

    V. Oração das Nove, das Doze e das Quinze horas: Hora Média 63

    VI. Completas 66

    VII. Modo de unir, se oportuno, as horas do ofício com a missa ou entre si 67

Capítulo III

Os diversos elementos da Liturgia das Horas 71

I. Os salmos e sua função na oração cristã 71

II. Antífonas e outros elementos que ajudam a oração dos salmos 76

III. Modo de salmodiar 79

IV. Critério seguido na distribuição dos salmos no ofício 80

V. Cânticos do Antigo e Novo Testamento 83

VI. Leitura da Sagrada Escritura 84

VII. Leituras dos Padres e de escritores eclesiásticos 89

VIII. Leituras hagiográficas 91

IX. Responsórios 92

X. Hinos e outros cantos não bíblicos 92

XI. Preces, Oração do Senhor e oração conclusiva 94

XII. Silêncio sagrado 98

Capítulo IV

As várias celebrações ao longo do ano litúrgico 99

I. Celebração dos mistérios do Senhor 99

II. Celebração dos santos 101

III. Calendário que se deve seguir e possibilidade de escolher
determinado ofício ou alguma de suas partes 106

Capítulo V

Ritos da celebração comunitária 111

I. Exercício das funções 111

II. O canto no ofício 114

Índice analítico 119

Rua Dona Inácia Uchoa, 62
04110-020 – São Paulo – SP (Brasil)
Tel.: (11) 2125-3500
http://www.paulinas.com.br – editora@paulinas.com.br
Telemarketing e SAC: 0800-7010081